LAISSEZ-VOUS RÉCONCILIER

Du même auteur

Un an d'homélies : année liturgique 2009-2010, collectif sous la direction de Claudie et Jean-Marie Pruvost-Beaurain, Éditions Terre d'Espérance, 2011.

« Je n'ai pas le temps ! » Notre-Dame du Laus, le temps réconcilié, Les Éditions du Laus, 2012.

Père Ludovic Frère

Laissez-vous réconcilier

Notre-Dame du Laus : refuge de réconciliation

Préface de Mgr Jean-Michel di Falco Léandri

Éditions de l'Emmanuel

Les Éditions du Laus

Nihil obstat
Père Pierre Fournier
La Saulce, le 27 mars 2012

Imprimatur
+ Jean-Michel di Falco Léandri
Évêque de Gap et d'Embrun
Gap, le 31 mars 2012

Première édition :

ISBN : 978-2-9528621-0-3

Nouvelle édition :

Photo de couverture :

ISBN : 978-2-35389-348-5

AVERTISSEMENT DES ÉDITEURS

Cet ouvrage est la réédition, dans le cadre d'une coédition entre les Éditions de l'Emmanuel et les Éditions du Laus, du livre publié dans un premier temps exclusivement par les Éditions du Laus en 2012. La seule différence entre ces deux éditions concerne les préfaciers : Mgr Jean-Michel di Falco Léandri, évêque de Gap et d'Embrun, pour la présente édition, et Mgr René Combal, chapelain et ancien recteur du sanctuaire Notre-Dame du Laus, pour la précédente édition.

« Si cette entreprise ou cette œuvre vient des hommes,
elle se détruira d'elle-même ; mais si elle vient de Dieu,
vous ne pourrez rien pour la faire tomber ».
Actes des Apôtres 5, 38-39

Préface

« Laissez-vous réconcilier. » Conseil facile à donner, difficile à vivre !

Facile de penser que les Israéliens et les Palestiniens devraient se réconcilier, de même que les chiites et les sunnites, les Tutsi et les Hutu du Rwanda, les protestants et les catholiques d'Irlande du Nord, les chrétiens et les musulmans du Mali… De loin, se battre et s'entretuer apparaît d'une telle folie !

Plus proches de nous. Facile de penser que tel couple ami ferait mieux de se réconcilier. Les voir sans cesse rejeter la faute sur l'autre paraît à la fois bien triste et puéril. Facile de trouver absurde des frères et sœurs adultes qui s'entredéchirent pour une maison, des bijoux, des meubles, comme au temps de leur enfance où ils se disputaient un jouet.

Facile de loin… quand on n'est pas concerné.

Car il suffit de zoomer sur notre propre vie pour nous rendre compte que nous-mêmes nous avons du mal à nous laisser réconcilier. Ne serait-ce qu'avec nous-mêmes, avec notre propre histoire, avec des membres de notre famille, avec notre voisin de palier, avec Dieu aussi peut-être, avec le temps qui file, avec notre corps, avec nos défauts, avec l'État, avec l'Église, avec toute autorité, et que sais-je encore!... Les freins à la réconciliation sont là, nombreux. Certains ne dépendent pas de nous. Mais d'autres, oh que si! Difficulté à reconnaître nos torts, difficulté à nous affirmer sans écraser, difficulté à exprimer nos émotions, difficulté à nous libérer d'un sentiment de culpabilité.

Et qui peut lever ces freins? C'est là que le sanctuaire Notre-Dame du Laus et que ce livre, écrit par son recteur, peuvent être d'une aide précieuse. Le père Ludovic Frère ne fait pas que nous inviter à nous réconcilier avec Dieu, avec nous-mêmes et avec les autres. Ce serait trop facile. Il le fait en étant lui-même, humainement, par tempérament, homme de médiation, de réconciliation, doté d'une bienveillante et exigeante attention. Il le fait aussi en étant lui-même le témoin de grâces de réconciliation, vécues au sanctuaire Notre-Dame du Laus. Et il le fait enfin en étant lui-même, comme prêtre, acteur de réconciliation.

Pour ceux qui pensent le mot « réconciliation » banni à tout jamais de leur vocabulaire, pour ceux qui ne voient dans la réconciliation qu'un horizon inatteignable, ce livre est déjà une invitation à les réconcilier avec la réconciliation! Oui, il est possible de se réconcilier. Plus encore, il est possible de nous réconcilier dans toutes les dimensions de notre être! Il est possible de retrouver Dieu, de se retrouver soi-même, de retrouver son conjoint, son ami, ses parents, après avoir rétabli entre tous une saine distance. Long travail. Long chemin. Mais qui en vaut la chandelle pour tout le cortège de plénitude et de bonheur qu'il occasionne.

Et s'il s'avère qu'une réconciliation est impossible, garder la paix envers et contre tout est possible. Ni la déprime ni la colère ne sont des « issues » lorsque tout a été essayé en vue d'une réconciliation. Ce sont même plutôt des « impasses », dont il est possible de sortir cependant. En tout temps et en tout lieu il est possible de trouver la paix. Pas n'importe laquelle. Mais cette paix à nulle autre pareille qui nous vient du Christ lui-même : « Je vous laisse la paix, je vous donne ma paix ; ce n'est pas à la manière du monde que je vous la donne. Que votre cœur ne soit pas bouleversé ni effrayé. » (Jn 14, 27)

Merci au père Ludovic Frère, par son livre, d'être un écho de cette promesse du Christ à notre intention, lorsque l'on s'aventure sur le beau, ardu et long chemin d'une réconciliation.

Mgr Jean-Michel di Falco Léandri
Évêque de Gap et d'Embrun

Introduction

Notre-Dame du Laus, haut-lieu de réconciliation

1647. Le Roi Soleil a neuf ans quand voient le jour, à quelque 300 kilomètres de distance, deux enfants au destin hors du commun. La première, Marguerite-Marie Alacoque, deviendra à Paray-le-Monial la messagère de l'amour miséricordieux du cœur de Jésus. La seconde, Benoîte Rencurel, naît dans un petit village d'une vallée des Alpes du Sud ; elle sera la messagère de la conversion à Jésus, par Marie, Mère de miséricorde et refuge des pécheurs.

1664. Le 17 octobre a lieu la pose de la première pierre d'une œuvre que Louis XIV veut monumentale. Le nouveau château de Versailles, jusqu'alors simple châtelet de campagne, va devenir un palais prestigieux, reflet du pouvoir de son royal propriétaire.

La même année, au début du mois de mai, un autre château, plus monumental encore, reçoit ses premières fondations. C'est un château spirituel : le sanctuaire du Laus. La jeune Benoîte voit pour la première fois « une Belle Dame », qui va commencer, par elle, l'édification d'un grand lieu de grâces, dans un écrin de verdure et de montagnes. Aujourd'hui, Versailles se visite comme un musée ; le Laus est, quant à lui, un sanctuaire plus vivant que jamais.

Début mai 1664, c'est aussi le moment où, à la cour du roi, un spectacle grandiose est donné : *Les Plaisirs de l'île enchantée*. Pour la première fois, Molière y présente sa nouvelle pièce de théâtre, *Tartuffe*. Cette pièce dénonce les hypocrites qui prétendent : « Ce n'est pas pécher que pécher en silence. »[1] Elle pointe du doigt ces faux-dévots, qui pensent que « le Ciel défend, de vrai, certains contentements ; mais on trouve avec lui des accommodements ». [2]

Au même moment, dans la vallée de l'Avance, c'est la scène de la vraie vie qui est le théâtre des émouvantes rencontres entre la Vierge Marie et la jeune Benoîte, pour poser les jalons d'une dévotion authentique. Aucun accommodement avec le Ciel, mais une démarche de vérité : « J'ai demandé le Laus à mon Divin Fils pour la conversion des pécheurs, et il me l'a accordé » [3], confiera plus tard Dame Marie à Benoîte.

---

1. Molière, *Tartuffe*, acte IV, scène V, v. 1506.
2. *Ibid.*, v. 1487 et 1488.
3. Extrait des *Manuscrits du Laus*. Ces manuscrits sont la formidable source par laquelle quatre auteurs rapportent les événements vécus par Benoîte et les premières années de la vie du pèlerinage au Laus. Le juge Grimaud (Gr.) rapporte les faits, en bon juriste, dès les premières semaines des événements. L'abbé Gaillard (G.), vicaire général de Gap puis premier directeur du sanctuaire, nous offre quant à lui le plus grand nombre de récits. L'abbé Peytieu (P.), confesseur de Benoîte, et le frère Aubin (A.), ermite, complètent l'ensemble, pour former une source de 1775 pages manuscrites, précieusement conservées au Laus. En 1850, l'abbé Galvin en a réalisé une copie authentique (CA) qui les regroupe en un seul volume. Dans l'ensemble de cet ouvrage, les passages des Manuscrits sont indiqués selon la notation conventionnelle, par exemple : CA P p.382 [428] signifie : CA = Copie Authentique – P = Peythieu – p. 382 = page 382 de la Copie Authentique de Galvin – [428] = page 428 du fac-similé de la Copie

Les quatre premiers mois permettent à la jeune bergère de contempler cette « Belle Dame », qui l'a rejointe dans ce lieu discret du vallon des Fours où Benoîte gardait ses moutons. Cette première étape des apparitions se conclut par cette révélation : « je suis Dame Marie ».

Après un mois d'absence, la Belle Dame réapparaît, de l'autre côté de la vallée, au lieu-dit Pindreau. C'est là qu'elle annonce à Benoîte le chemin du Laus, comme le rapportent les Manuscrits : « Marie lui dit d'aller au Laus, qui est au-dessus, du côté du septentrion ; elle y verra une petite chapelle d'où s'exhaleront de bonnes odeurs. C'est là qu'elle la verra très souvent. » [4]

Dès le lendemain, la bergère se rend au hameau du Laus, qui lui était jusqu'alors inconnu, bien que proche de son village natal. Et là, dans la petite chapelle de Bon-Rencontre (providentiellement nommée ainsi par les habitants du hameau en 1640), Benoîte va bénéficier de cinquante-quatre années d'apparitions, faisant du Laus le lieu des plus longues apparitions mariales au monde.

* *
*

Mais ce n'est certainement pas un record que cherche la Vierge Marie : toutes ces années visent à accompagner Benoîte, l'encourager et parfois la

Authentique, imprimé en 1996. Les Manuscrits sont en vieux français ; dans le cadre de ce livre, ils ont été traduits en français courant pour faciliter la lecture.

4. C.A. G. p. 13 XXI [59] et P. p. 390 [436].

réprimander, afin qu'elle accomplisse fidèlement la mission pour laquelle elle a été choisie.

La présence particulière des anges, l'apparition de certains saints et des expériences mystiques comme la visite du Paradis vont conforter la bergère dans la nécessité d'œuvrer pour la réconciliation et de se dépenser pour la conversion des pécheurs les plus endurcis.

Touchés par ce lieu de grâces, très vite, des pèlerins commencent à affluer. Dès 1666, une église est construite sous le regard attentif de Benoîte, alors que le diocèse d'Embrun diligente, sur plusieurs années, trois procès successifs pour conclure à chaque fois à la vérité des paroles de la bergère du Laus.

Voyant aussi le Christ lui apparaître sur la croix, à cinq reprises entre 1669 et 1679, Benoîte Rencurel comprend et accepte que sa mission de collaborer à la conversion des pécheurs passe aussi par son union à la passion du Sauveur.

Elle va ainsi éprouver la crucifixion mystique pendant de nombreuses années, mais aussi l'abandon des siens quand elle sera exclue du service du Laus par les prêtres jansénistes qui lui étaient hostiles. Sans oublier son rude combat contre le démon, jusqu'à l'épuisement qui sera la cause de la mort de Benoîte, le 28 décembre 1718.

* *
*

Aujourd'hui, le château de Versailles reste un magnifique témoignage du génie français; mais le sanctuaire Notre-Dame du Laus est bien plus que le signe d'un glorieux passé. Il est un lieu de grâces, où se vivent toujours de profondes conversions, des guérisons surprenantes, des apaisements délicats et des réconciliations multiples.

La reconnaissance officielle par Mgr Jean-Michel di Falco Léandri, en mai 2008, du caractère surnaturel des événements vécus par Benoîte Rencurel et la proclamation des vertus héroïques de la bergère du Laus par le pape Benoît XVI en avril 2009 témoignent de l'actualité vivante du sanctuaire haut-alpin.

Sur près de 21 000 apparitions mariales recensées dans le monde, quinze ont été officiellement reconnues par l'Église. Sa fille aînée, notre chère France, a été particulièrement gâtée par la Vierge Marie, avec cinq lieux officiellement reconnus: Notre-Dame de Garaison (1515), La Salette (1846), Lourdes (1858), Pontmain (1871), et le Laus (1664-1718). L'un des plus anciens lieux a donc été le plus récemment reconnu, comme un signe qu'il y a au Laus une richesse profonde à découvrir… en prenant le temps!

C'est surtout du temps pour la réconciliation que le sanctuaire Notre-Dame du Laus propose particulièrement de prendre. Toute l'histoire du Laus, du temps de Benoîte jusqu'à aujourd'hui, en fait un lieu privilégié pour se réconcilier.

« Au nom du Christ, nous vous le demandons: laissez-vous réconcilier avec Dieu » (2 Co 5, 20). Saint Paul semble supplier, comme une urgence et une priorité absolue. Mais en choisissant de dire « laissez-vous réconcilier », l'apôtre exprime qu'il ne s'agit pas d'abord de faire des efforts pour vivre des réconciliations, mais de laisser le Seigneur agir en nous.

Le Laus est justement un lieu privilégié pour se laisser faire par la grâce. La beauté des paysages comme la douceur, la lumière et le calme du cirque de verdure qui accueille les bâtiments du sanctuaire en sont un signe éclatant et délicat à la fois.

On découvre sur les lieux de Notre-Dame du Laus, comme dans l'expérience mystique de Benoîte Rencurel et dans sa personnalité même, que la réconciliation est une réalité complexe : non seulement parce qu'il n'est pas facile de « se laisser réconcilier », mais aussi parce que la démarche implique tout notre être (intelligence, mémoire, cœur, foi).

Des réconciliations, nous pouvons en avoir un grand nombre à vivre : avec le Seigneur, quand nous rencontrons des épreuves, que nous doutons de pouvoir vraiment lui faire confiance, ou quand nous peinons dans la prière ; avec les autres, aussi, comme avec nous-mêmes. Mais peut-être également : des réconciliations avec notre corps ou avec la perspective de notre mort ; avec la prière comme avec l'Église ; avec le temps ou avec la beauté.

Ce sont toutes ces réconciliations que le présent livre veut aider à découvrir dans le message du Laus. De très bons ouvrages[5] ont été écrits sur la vie de

---

5. Parmi les ouvrages les plus récents, notons : Mgr Jean-Michel di Falco Léandri, *Benoîte Rencurel, la visionnaire du Laus*, Parole et Silence / DDB, 2008 ; Bertrand Gournay, *Notre-Dame du Laus, l'espérance au cœur des Alpes*, Tequi, 2008 ; François de Muizon, *La vie merveilleuse de Benoîte Rencurel*,

Benoîte Rencurel et les événements du Laus ; celui-ci propose non pas une narration chronologique mais une réflexion sur la réconciliation multiple que le sanctuaire marial des Hautes-Alpes favorise, sous le regard maternel de Marie et avec le soutien fraternel de Benoîte.

Nouvelle Cité, 2004 ; René Combal, *les Apparitions du Laus – Benoîte Rencurel et la vie du sanctuaire – Histoire et message,* 2012.

1

Réconciliés avec Dieu

« Jésus eut pitié des foules, car elles étaient fatiguées et abattues, comme des brebis sans berger » (Mt 9, 36). En apparaissant à une jeune bergère, la Vierge Marie n'a-t-elle pas voulu rappeler à Benoîte Rencurel que son Fils Jésus était bien ce pasteur délicat et prévenant, attentif à nos fatigues et à nos abattements ?

Or, il semble de plus en plus fréquent, de nos jours, de rencontrer des personnes fatiguées, sur-occupées et habitées par un mal-être profond : « fatiguées et abattues, comme des brebis sans berger ». « Fatiguées » par des luttes contre une maladie, un deuil difficile à faire ou un conflit avec autrui ; « abattues » par toutes les difficultés de la vie, les échecs du passé, le manque d'espérance ou les craintes de l'avenir.

Le sanctuaire du Laus témoigne de manière évidente que le Seigneur Jésus n'a pas eu seulement pitié des foules qu'il a rejointes sur les routes de Galilée, voici 2000 ans. Aujourd'hui encore, le Christ continue à repérer que beaucoup sont fatigués et abattus, et il est pris d'une pitié qui donne la vie : « je suis venu pour que les hommes aient la vie, et qu'ils l'aient en abondance » (Jn 10, 10).

Le Seigneur emploie tous les moyens de sa grâce pour nous vivifier maintenant et pour nous conduire à la vie éternelle. Au Laus, ce soutien vital reçu du Seigneur s'expérimente dans de nombreuses grâces de réconciliation et culmine dans l'expérience du sacrement de la confession.

«J'ai demandé le Laus à mon Divin Fils pour la conversion des pécheurs, dit la Vierge Marie, et il me l'a accordé.»[6] La très grande majorité des apparitions à Benoîte et des locutions dont elle a été bénéficiaire montrent cette mission de réconciliation du Laus. En ce lieu de grâces, le Ciel ne donne pas d'enseignement théorique sur la réconciliation; mais il offre des indications très concrètes pour dévoiler les péchés des plus récalcitrants afin de les conduire à une vraie conversion et une sincère contrition.

Le sacrement de réconciliation

> «Combien de personnes ont dit que le Laus était le refuge des pécheurs, là où Dieu les inspire de faire de bonnes confessions, lève la honte de ceux qui ne les osent pas dire, assistés des avis de Benoîte qui leur découvre tout leur intérieur, leur donne courage, le temps de bien s'examiner, et de bons confesseurs qui les renvoient très contents!»[7]

---

6. Cette expression bien connue au sanctuaire du Laus semble tirée de la tradition orale. Mise en valeur par une inscription dans le hall de l'oratoire Benoîte, elle résume une grande partie de ce que la Vierge Marie a enseigné à la servante du Laus au cours de ces nombreuses années.
7. C.A. G. p. 65 V [111].

Dans ce constat enthousiasmant de Pierre Gaillard, premier directeur du sanctuaire, nous percevons la grâce particulière de réconciliation qu'offre ce lieu. Après 350 ans, les confesseurs témoignent encore aujourd'hui qu'au Laus le désir de se convertir et de se jeter dans les bras de la Miséricorde s'éveille dans les cœurs de nombreux pèlerins, même chez ceux qui s'y attendaient le moins.

Pour susciter ce désir, le sanctuaire du Laus offre des paysages, du calme et un ciel lumineux qui ouvrent véritablement le cœur et qui permettent d'entrer dans la profondeur de ce qu'est le sacrement du pardon : se mettre sous le regard de Dieu, et lui ouvrir toute notre vie, en totale confiance, par un aveu sans concession de tous nos péchés.

Le cadre du Laus témoigne de ce que la Vierge Marie réalise en ce lieu, comme l'expression de sa délicatesse maternelle : « La tendresse que la Mère de Dieu a pour les pécheurs [...] lui fait employer tous les moyens pour leur faire quitter le péché. »[8] Marie donne courage aux pécheurs pour que, ni la honte des péchés commis, ni la prise de conscience de tout ce qu'il va falloir changer pour faire la volonté de Dieu, ne détournent les pécheurs de la conversion. C'est sa tendresse pour ses enfants qui se déverse ainsi sur tous les pèlerins et peut même toucher ceux qui viennent au sanctuaire en simples visiteurs.

Car une mère sait ce qui est bon pour les siens et se désole de les voir périr. Alors, la Vierge Marie se sert particulièrement du Laus pour nous rappeler cette

8. C.A. P. p. 382 [428].

nécessité vitale qu'est la conversion à l'amour, pour donner force à notre vie présente et nous conduire à la vie éternelle.

« En venant au Laus, je n'avais pas l'intention de me confesser, mais j'ai compris qu'il fallait que je le fasse », disent certains pèlerins. Étonnante remarque : « il fallait que je le fasse » ! Cette obligation n'est pourtant pas d'abord morale, elle ne s'enracine pas dans une exigence posée de manière extérieure : c'est un impératif intérieur. De même qu'*il faut* respirer pour vivre, *il faut* se confesser pour que le Sauveur nous lave de nos péchés et nous réintroduise ainsi dans la pleine communion. C'est une nécessité qui est vitale avant d'être morale, tout comme l'est la participation à la messe dominicale.

Au sanctuaire du Laus, « Dieu inspire de faire de bonnes confessions », notait Pierre Gaillard : c'est effectivement le Seigneur qui nous intime la nécessité de cette démarche sacramentelle de réconciliation, que ce soit par un élan intérieur ou par l'intervention d'une tierce personne. Ainsi, de même que Benoîte Rencurel avait reçu la mission d'avertir les plus grands pécheurs de la nécessité d'aller se confesser, de même aujourd'hui, des « Benoîtes » continuent cette mission, avec délicatesse et vérité, pour encourager les autres à vivre ce sacrement de relèvement.

La grâce du Laus est donc vraiment une grâce de courage pour oser nous convertir ou pour avertir les autres de le faire. Nous avons tout à gagner en nous détournant du péché, qui ne nous fait jamais de bien. Il faudra peut-être abandonner un projet personnel, des attachements matériels, des habitudes confortables ou des vices apparemment agréables; mais c'est au bénéfice de la vraie liberté.

Il y a au Laus de magnifiques témoignages de conversions profondes réalisées par l'œuvre de la grâce et l'intercession de Marie. La première conversion a eu lieu dans les premiers jours des apparitions, au vallon des Fours. La patronne de Benoîte, après avoir été dénoncée par la Vierge Marie elle-même, décide de changer radicalement de vie. Et voilà qu'ensuite « elle ne juge plus, se met à jeûner, donne aux pauvres et vit le reste de ses jours fort chrétiennement, fréquentant les sacrements. »[9]

De même, la grâce du Laus se manifeste, d'après les Manuscrits, quand des couples prêts à s'engager dans une relation de péché se séparent, des prêtres quittent leur état de vie infidèle ou des femmes enceintes venues au Laus pour y abandonner leur enfant renoncent à leur projet. « À moins qu'on ne veuille accuser de mensonge continuel les témoins, on est tenu de l'avouer: la main du Seigneur [est] là. »[10]

La grâce du Laus est de permettre la radicalité de la conversion, tout en la vivant dans la délicatesse et la douceur: c'est là qu'on sent particulièrement la présence maternelle de la Vierge Marie. Les prêtres au service du sanctuaire du temps de Benoîte le reconnaissent: « D'où vient ce prompt changement qui se fait en un instant? D'une grâce victorieuse et efficace

9. C.A. G. p. 10 IX [56].
10. P. Juan Manuel Lozano Nieto, « Messagère de Notre-Dame et mystique de la compassion », *réponses aux questions de la commission historique du procès de béatification de Benoîte Rencurel, Congregatio de causis sanctorum*, 2006, p. 19.

qu'ils reçoivent en ce saint lieu et qui triomphe de la volonté sans les contraindre. »[11]

La vérité de cette conversion passe nécessairement par le respect de l'intégralité de ce sacrement (aveu, contrition, absolution, satisfaction)[12], car seule une démarche de totale vérité peut conduire à une libération et à un relèvement du pécheur, qui se concrétise dans un profond changement de vie. Par exemple, Marie intervient pour que Benoîte dénonce les pénitents qui manquent de faire la satisfaction (ou pénitence) donnée par le prêtre. Elle ne cesse, par ailleurs, de solliciter auprès de son Fils de nombreuses grâces de conversion : « La grâce dispose si bien les cœurs qu'ils condescendent sans peine à tout ce que les confesseurs exigent d'eux », déclare à son évêque le prêtre Jean Peytieu, confesseur au Laus.

« La vérité vous rendra libres ! »[13]

La grâce du Laus consiste donc à vivre le sacrement du pardon dans toute sa vérité et à trouver une paix profonde après avoir osé le faire. « Plusieurs personnes ont dit que, pour se souvenir de ses péchés et faire de bonnes confessions, il fallait venir au Laus »[14], affirment les Manuscrits. Benoîte devient ainsi servante

11. C.A. G. p. 28 XXV [74].
12. Selon le rituel pour la célébration du sacrement de réconciliation, il est nécessaire que ces quatre étapes soient respectées : l'aveu est la confession de l'intégralité de nos péchés, la contrition est le regret sincère de les avoir commis, l'absolution est la parole sacramentelle reçue de la part du prêtre après une exhortation qui pourra aider la personne à changer, et la satisfaction est l'effort demandé par le prêtre au pénitent pour manifester le désir de conversion et réparer le mal commis.
13. Jean 8, 32.
14. C.A. P. p. 381 [427].

de la vérité : elle encourage les pécheurs à se rendre au confessionnal, mais elle reprend aussi des pénitents qui avaient caché certains péchés ou n'avaient pas de véritable contrition.

Elle bénéficie pour cela d'un charisme de lecture des consciences, qui fait la vérité sans humilier. Une religieuse s'exclame : « Que cette fille est admirable ! Elle ne nous avait jamais vues, et cependant elle nous a dit tout ce que nous avions fait, découvrant les replis de notre conscience, nos péchés secrets, et même plusieurs choses que nous ignorions. »[15] Nous avons tellement besoin de cette vérité sur nous-mêmes !

La mission tellement moderne de Benoîte

La mission de Benoîte est tantôt de consoler, tantôt d'avertir, comme en témoigne l'un des prêtres au service du sanctuaire à ses débuts : « C'est elle qui console chacun, donne courage aux confesseurs, avertit ceux qui n'osent pas dire leurs péchés, leur donne le confesseur qu'elle juge propre pour eux. »[16]

Nous sommes à la fin du XVIIe siècle, et pourtant la mission de Benoîte n'a rien à envier aux missions remplies de nos jours par de nombreux laïcs, et particulièrement par des femmes. Benoîte est clairement reconnue dans son service auprès des pèlerins et les prêtres viennent volontiers vers elle prendre conseil.

Le père René Combal commente : « ce qui explique en grande partie l'essor du pèlerinage, durant cette

---

15. C.A. G. p. 168 XI [209].
16. C.A. G. p. 59 II [105].

période, c'est la communion et la collaboration entre Benoîte et les prêtres du Laus. Ceux-ci reconnaissent le charisme de la bergère qui prépare les pèlerins à la confession. Celle-ci ne cesse de les renvoyer aux prêtres. »[17]

Il n'y a donc pas de concurrence entre Benoîte et les prêtres. La fondatrice du sanctuaire agit toujours sous l'autorité de l'Église, et c'est dans cette obéissance qu'elle peut oser à la fois dire clairement les choses et tenir humblement sa place : elle ne remplace pas les prêtres, mais elle exerce avec eux son charisme, sans supériorité ni infériorité, sans jalousie ni revendications.

Ainsi peut-elle, au nom de Marie, donner des avis aux prêtres : elle leur recommande « de recevoir les pèlerins avec un grand zèle et une charité cordiale ; d'être doux, patients et d'accueillir les pécheurs avec beaucoup de cordialité. Les plus criminels, les recevoir avec encore plus de douceur que les autres. »[18] De tels conseils peuvent être précieux pour les prêtres d'aujourd'hui encore.

La mission de Benoîte consiste donc autant à guider les pécheurs qu'à soutenir les prêtres pour les encourager à persévérer dans leur mission de confesseurs. Or, nous savons combien nos prêtres ont besoin de tels encouragements ! N'hésitons pas à les leur offrir.

Cet encouragement peut d'ailleurs permettre aux prêtres de retrouver ou d'approfondir le sens de ce

---

17. René Combal, *Prier 15 jours avec Benoîte Rencurel,* Nouvelle Cité, 2003, p. 85.
18. C.A. G. p. 36 XXXVII [82].

service de réconciliation, qui est aussi pour eux source d'action de grâce, comme au Laus où « les confesseurs sont charmés le plus souvent de voir les grâces que Dieu répand sur les pécheurs, et les conversions qui s'y font. »[19] Alors, il devint rapidement évident, pour les premiers confesseurs du Laus, qu'ils « ne changeraient pas le confessionnal pour les premières charges et les premiers emplois de l'Église, tant ils avaient de joie et de consolation de la conversion des pécheurs, qui était journalière. »[20]

D'un autre côté, le message du Laus place les prêtres devant leurs lourdes responsabilités s'ils négligent ce service, puisqu'au sanctuaire, « la Sainte Vierge ramasse les pécheurs que les confesseurs, pasteurs et autres qui travaillent au salut des âmes avaient abandonnés. »[21] Les prêtres peuvent grandement contrister le cœur de Marie en refusant d'œuvrer de tout leur cœur à la conversion et au salut des pécheurs. Que la Vierge Marie garde les prêtres de ne jamais abandonner aucune âme !

S'il y a bien une grâce particulière au Laus, elle n'est évidemment pas exclusive : de telles confessions peuvent être vécues en tout lieu. C'est partout aussi que les prêtres peuvent vivre davantage le ministère de confession comme un service exaltant ; partout aussi que l'Esprit souffle pour encourager à de profondes conversions.

---

19. C.A. G. p. 59 II [105].
20. C.A. G. p. 29 XXV [75].
21. C. A. P. p. 382 [428].

Au sanctuaire du Laus, la conversion revêt toutefois une dimension particulière, celle d'une œuvre de profonde joie. Il n'est bien sûr facile pour personne de franchir la porte de la chapelle des confessions, tant la honte des péchés commis freine le pas et rend triste. Mais c'est en vue d'une profonde joie, qui est d'abord la joie du Ciel.

Dans les trois paraboles de la miséricorde que le Seigneur Jésus présente successivement[22], c'est bien la joie qui domine : joie du Père qui voit revenir son fils, joie du berger qui retrouve sa brebis égarée, joie de la femme qui retrouve la pièce qu'elle avait perdue. Après la première parabole, Jésus conclut : « Il y a plus de joie dans le Ciel pour un seul pécheur qui se convertit que pour 99 justes qui n'ont pas besoin de conversion » (Lc 15, 7). Après la deuxième, il conclut encore : « Il y a de la joie chez les anges de Dieu pour un seul pécheur qui se convertit » (Lc 15, 10). En allant nous confesser, nous faisons la joie de Dieu et de tous les anges !

De plus, à l'instar du berger, de la femme et du père qui réunissent leurs amis pour fêter les retrouvailles, c'est aussi toute l'Église qui fête notre réconciliation. La rupture de communion ayant été comblée par la grâce, nous nous retrouvons plus unis que jamais à tous les sauvés du Ciel et de la terre.

Une confession est donc indissociablement une effusion de joie et une expression de douleur d'avoir offensé le Seigneur. Nos sentiments sont donc nécessairement

22. Cf. Luc 15, 3-32.

mêlés quand nous allons nous confesser. Les premiers confesseurs du Laus constataient ainsi que, dans ce sacrement, « les attraits de la grâce sont si puissants qu'elle porte la douceur dans le cœur, les sanglots et les soupirs sur les lèvres, les larmes aux yeux. Ils sont pris d'une si vive douleur d'avoir offensé Dieu qu'ils ont de la peine à l'énoncer. Joie et tristesse qui produisent le même effet : la conversion. »[23]

La joie est d'autant plus vive que le regret d'avoir fait le mal est fort. C'est l'abîme entre l'Amour infini de Dieu et la laideur de nos péchés que nous expérimentons alors ; mais cet abîme, le Seigneur ne cesse de le combler.

Le sanctuaire du Laus apparaît ainsi comme un moyen privilégié choisi par le Ciel pour nous combler de joie. Dès les premières apparitions, Benoîte est touchée par cette joie de la rencontre : « La vision de la Belle Dame et du petit enfant qu'elle tenait par la main lui fit glisser dans le cœur tant de douceurs et de joie qu'elle n'en pouvait plus perdre l'idée. »[24]

L'ambiance de joie prédomine souvent dans les apparitions du Laus. La Belle Dame avait d'ailleurs indiqué à Benoîte qu'elle avait choisi un « lieu riant » pour la conversion des pécheurs. Quelle belle expression ! Un lieu qui « sourit » et qui fait sourire !

La première apparition donne tout de suite cette note de joie, avec le rire de Marie qui répond à la bonhomie de la jeune bergère : « Belle Dame, que faites-vous là-haut ? Voulez-vous acheter du plâtre ?

23. C.A. G. p. 28 XXV [74].
24. C.A. P. p. 388 [434].

Voudriez-vous goûter avec moi ? [...] La Belle Dame se mit à rire – Belle Dame, vous plairait-il de nous donner cet enfant qui nous réjouirait tous ? Elle se mit à rire et ne répondit rien. »[25]

C'est toute l'orientation du sanctuaire du Laus qui se trouve ici résumée, comme un écho de la joie des noces de Cana : Marie vient au Laus parce qu'elle a vu que ses enfants n'ont plus de joie, dans ce contexte difficile du XVIIe siècle, où le jansénisme rigoureux s'est infiltré dans l'Église et la pratique religieuse. Guerres de religions, famines, exubérance du pouvoir royal, et tant d'autres circonstances ont rendu la vie difficile pour le plus grand nombre.

Et voilà que, dans ce contexte, la Vierge Marie annonce : « J'ai demandé le Laus à mon divin Fils pour la conversion des pécheurs, et il me l'a accordé ». On croirait voir Marie aux noces de Cana, quand elle repère un besoin des hommes dont l'absence risque de gâcher la fête : « ils n'ont plus de vin » (Jn 2, 3). Au Laus, Marie montre qu'elle a repéré combien le péché nous rendait malheureux ; elle intervient auprès de son Fils pour qu'il lui accorde ce lieu.

Un autre signe de cette joie voulue par le Seigneur et par Marie au sanctuaire du Laus nous est donné dans le miracle des roses. En plein mois de mars, Benoîte reçoit de Marie une grande brassée de roses, qu'elle distribue à un grand nombre de personnes, médusées de voir de telles fleurs resplendissantes à cette période de l'année et surprises ensuite de voir ces roses rester fraîches pendant très longtemps. Quand la servante

25. C.A. P. p. 419 [445].

du Laus les offre, elle répand de la joie autour d'elle, comme un signe de la mission confiée à ce sanctuaire.

La beauté de la réconciliation

Aujourd'hui encore, le Laus reste ce « lieu riant », qui nous fait tant de bien et qui nous incite à envisager la réconciliation comme une participation à la beauté du Ciel.

Cette beauté apparaît d'abord de manière visible pour le visiteur qui arrive au Laus. En toute saison, on découvre des paysages magnifiques et apaisants. Jean Guitton reconnaissait que « le bleu du ciel, au Laus, est incomparable. Il a force et tendresse, lumière et douceur. »[26]

Par la beauté du cadre de montagne, le pèlerin semble goûter un peu de ce dont Benoîte a bénéficié dans les apparitions mariales, à l'instar des premières rencontres au vallon des Fours où c'est vraiment la beauté de Marie et du Christ qui a marqué la jeune bergère : « Elle vit une belle dame avec un petit enfant d'une beauté extraordinaire qu'elle tenait par la main. »[27]

La beauté des lieux, comme reflet de la beauté divine et de la toute belle Marie, nous invite à considérer la conversion sous un autre angle que le rejet du péché : il ne s'agit pas seulement de confesser ce que nous avons fait de mal, mais aussi de considérer notre vie comme un appel à la beauté.

---

26. Jean Guitton, *Les Davidées* (opuscule), p. 10.
27. C.A. P. p. 288 [434].

On pourrait dire que le Seigneur nous offre chaque nouveau jour comme une toile de peinture, sur laquelle nous pouvons dessiner une œuvre belle. Nous pourrions nous satisfaire d'un simple croquis, d'un schéma qui serait peut-être juste, mais sans beauté. Ainsi en est-il de la vie chrétienne, qui ne peut se contenter d'un minimum (« je n'ai pas tué, je n'ai pas volé »), mais qui doit consister en une recherche de beauté.

En envisageant ainsi toute la vie morale, nous sortons du registre de l'obligation ou de l'utilité pour entrer dans celui de la gratuité et de l'élégance ; nous ressemblons alors davantage au Christ.

Nous réconcilier avec la prière

La beauté, la douceur, la lumière sont particulièrement, au Laus, des portes d'entrée vers l'accueil de la miséricorde de Dieu et vers une vie de prière plus intense. La réconciliation conduit en effet nécessairement à revoir notre manière de prier ; mais la prière se révèle aussi comme un moyen privilégié de conversion, de transformation profonde.

C'est ce que montre l'expérience mystique de Benoîte : au fur et à mesure des apparitions ou des locutions célestes, la servante du Laus s'est mise à refléter sur son visage de rude paysanne une paix, une douceur, une lumière et même un parfum qui ont marqué de nombreux témoins : « cette fille, forte et robuste comme une paysanne [...] n'est pas belle ; et, cependant, elle fait sur le cœur plus d'impression que les belles dames de la cour. »[28] Benoîte illustre ainsi les paroles de saint Paul : « Nous tous qui, le visage découvert, reflétons comme dans un miroir la gloire du Seigneur, nous sommes transformés en cette même image » (2 Co 3, 18).

La réconciliation avec la prière passe donc par une prise de conscience de sa finalité : pourquoi prions-nous ? Sans doute souvent pour être exaucés, pour implorer le pardon divin ou pour rendre grâce. Mais peut-être certains prient-ils aussi pour se sentir bien, pour ressentir la présence divine ou pour espérer l'infusion de quelques paroles en leurs cœurs.

Or, il est intéressant de noter que les deux premiers mois des apparitions de la Vierge à Benoîte se vivent dans le silence. « On connaît l'importance du silence dans la vie spirituelle : il permet de prendre du recul, de relativiser le poids de ce que l'on croit urgent ; c'est un moment d'attente et de décantation. Il faut savoir écouter le silence. »[29] Par ce silence, la Vierge va aussi préparer Benoîte à une vie spirituelle dont l'objectif sera d'être avec le Seigneur : la prière vise une relation plus profonde avec notre Dieu.

La réconciliation avec la prière nécessite aussi de moins nous juger dans notre façon de prier : s'il est grandement profitable de discerner comment nous prions, où et quand, il reste plus nécessaire encore de ne pas faire de la prière une performance de concentration ou un exercice oratoire intérieur.

---

28. Biographie documentée (document réalisé pour le procès de béatification de Benoîte), Notre-Dame du Laus, 1996, p. 288.
29. François de Muizon, *La vie merveilleuse de Benoîte Rencurel*, Nouvelle Cité, 2004, p. 36.

La prière doit rester une ouverture à la relation ; à ce titre, l'expérience de Benoîte nous appelle à détendre notre vie de prière. On est touché de voir la relation simple que la bergère sait entretenir avec le Ciel, parfois avec humour et toujours avec les pieds sur terre.

Une remarque de Benoîte à la Vierge Marie est significative pour nous montrer cette relation détendue, quand la Belle Dame demande la construction d'une église au Laus. « Une église ! réplique la bergère, mais il n'y a pas d'argent pour cela ! Il faudra demeurer dans cette chapelle telle qu'elle est. » [30] Benoîte ose cette remarque simple et de bon sens, tout en sachant très bien qu'elle s'adresse à la Mère de Dieu !

On peut alors imaginer que Marie s'est rappelée ses propres paroles à l'ange Gabriel : « Comment cela va-t-il se faire puisque je suis vierge ? » (Lc 1, 34). Chez Benoîte comme chez Marie, la relation au Ciel est à la fois respectueuse et détendue, reconnaissant la transcendance et acceptant que le Seigneur se manifeste comme il l'a choisi.

Plus encore, Benoîte nous aide à nous réconcilier avec la prière quand nous voyons comment sa vie spirituelle la transforme mais ne la démobilise pas des exigences et des enjeux de la vie terrestre.

Le père Bertrand Gournay conclut une analyse de l'épisode de la vision du Paradis par Benoîte, en notant : « Cette vision du paradis semble avoir très profondément remué Benoîte. Mais, même après cette

30. C.A. G. p. 13 XXII [59].

expérience mystique très complète, elle reste simple et sereine. Elle ne paraît pas faire de projet ni envisager de changer son mode de vie : elle va demeurer bergère de Saint-Etienne, dans son milieu, au service de sa mère, de ses sœurs et des pèlerins. Elle est transformée, certes, mais non exaltée. Au contraire, sa transformation donne confiance à ses proches. »[31]

Notre foi nous transforme-t-elle sans nous exalter ? Notre vie spirituelle donne-t-elle confiance à ceux qui nous entourent ? La prière n'est pas une évasion hors de la réalité, mais une entrée plus en profondeur dans cette réalité. René Laurentin observait que « les voyants perçoivent la Vierge comme une réalité plus réelle et plus évidente que celle du monde où nous vivons. La fin de l'apparition n'est pas pour eux un réveil, un retour à la réalité, mais le retour à une moindre réalité. »[32]

La majorité des croyants ne bénéficient bien sûr pas de telles apparitions ; cependant, toute vie spirituelle véritable fait découvrir que la relation à Dieu ne nous évade pas du monde, mais nous fait entrer dans une dimension plus dense de la réalité. La vraie prière rend toujours plus mûr et plus serein, même s'il faut du temps pour s'en rendre compte.

Benoîte est un bel exemple de prière profonde mais détendue ; et le sanctuaire du Laus offre des offices,

---

31. Bertrand Gournay, *Notre-Dame du Laus, l'espérance au cœur des Alpes*, Téqui, 2008, p. 116.
32. René Laurentin, *Multiplication des apparitions de la Vierge aujourd'hui*, 1988, p. 47.

des lieux divers[33] et un cadre naturel qui aident à la détente, pour laisser le Seigneur nous faire du bien. Ainsi peut s'accomplir en nous une véritable réconciliation avec la prière.

Nous réconcilier avec les étapes de la vie spirituelle

La réconciliation avec la prière passe aussi, certainement, par une acceptation des étapes de la vie spirituelle : à des moments très intenses peuvent succéder des moments davantage arides, voire des temps de désert. Il peut alors nous arriver de ne plus avoir le goût de la prière, de ne plus rien éprouver, de nous sentir vide, avec le risque de culpabiliser sur la raison de ce changement et de nous attrister que ce ne soit « plus comme avant ».

L'expérience de Benoîte est, ici encore, un bel exemple et un précieux soutien, puisqu'elle a traversé tous les âges de la vie, mais aussi les différents « états » de la prière.

Au Vallon des fours, lors des quatre premiers mois d'apparitions (de mai à août 1664), c'est la joie qui domine, nous l'avons déjà noté ; la joie de la visitation. Pour le père René Combal, le vallon des Fours est le temps de l'expérience des mystères joyeux du rosaire.[34]

---

33. Plusieurs lieux privilégiés de prière sont affectionnés par les pèlerins : la basilique Notre-Dame du Laus et sa chapelle de Bon-Rencontre, la chapelle du Précieux-Sang, l'oratoire Benoîte, la chambre de Benoîte, et des lieux extérieurs comme le col de l'Ange ou le site de Pindreau.
34. Cf. René Combal, *Prier 15 jours avec Benoîte Rencurel,* Nouvelle Cité, 2003, p. 35.

Puis vient le temps de l'absence (de fin août au 29 septembre 1664). Benoîte expérimente alors comme une nuit des sens et de la foi, qui dure seulement un mois, mais qui paraît bien long pour la jeune bergère impatiente de revoir la Vierge qui venait juste de lui révéler son identité. Cette nuit spirituelle est comme un prélude à d'autres épreuves de foi que vivra Benoîte.

Vient ensuite le « glorieux » moment de Pindreau (29 septembre 1664), comme une transfiguration : sur la montagne, de l'autre côté de la vallée, Benoîte voit une grande lumière. Elle s'y rend et retrouve la Vierge, rayonnante au point que Benoîte ne pouvait même pas voir son visage.

Arrivée au Laus dès le lendemain, Benoîte y découvre la chapelle où elle va vivre de longues années de dialogue avec Marie et avec les anges. Elle y vit d'abord une expérience spirituelle « de douceur, de charme, de profonde quiétude et de grande consolation. C'est un véritable noviciat. »[35]

Mais Benoîte expérimente rapidement ensuite des souffrances qui vont l'unir plus profondément au Christ et l'ouvrir à une dimension plus radicale encore de sa prière. Nous le verrons plus loin, les apparitions du Crucifié sur la croix d'Avançon (aujourd'hui dans la chapelle du Précieux-Sang) en sont de puissantes annonces. Qu'on note simplement, pour l'instant, que Benoîte a tout expérimenté dans sa vie spirituelle : la nuit et la lumière, la joie et l'angoisse, la présence et l'absence, la douceur et la croix.

---

35. *Ibid.*, p. 42.

Benoîte Rencurel est ainsi pour nous une maîtresse spirituelle et un soutien pour ne pas nous décourager quand la vie de prière nous semble trop difficile. Elle nous aide à accepter chaque état spirituel comme l'occasion d'une plus grande proximité avec le Seigneur, même dans les périodes où nous avons l'impression de ne rien ressentir, de stagner ou d'éprouver un grand vide : le Seigneur travaille toujours, prépare une mission, creuse en nous le désir de lui appartenir davantage et de tout lui abandonner.

2

Se réconcilier avec les autres et avec soi-même

Nous venons de voir différentes réconciliations spirituelles que le sanctuaire du Laus, par l'intercession de la Vierge Marie et de Benoîte, peut nous permettre de vivre : avec Dieu, avec le sacrement du pardon, avec la beauté, avec la joie, avec la prière. Ces réconciliations sont essentiellement destinées à faire grandir notre relation au Seigneur, en le laissant guérir tout ce qui doit encore l'être en nous.

Mais les événements du Laus nous révèlent encore une autre réalité essentielle, qui nous ouvre à une deuxième réconciliation qui s'opère particulièrement au sanctuaire : la réconciliation avec les autres ou avec soi-même.

Les pèlerins qui viennent au sanctuaire découvrent rapidement que ce haut-lieu marial permet un apaisement intérieur autant que relationnel. On se plaît à dire que la chapelle des apparitions, appelée « Bon-Rencontre » bien avant les événements du Laus, annonce toutes les bonnes rencontres, les belles rencontres qui se vivent, en vérité, entre pèlerins.

Se réconcilier avec l'aide des autres

Le sanctuaire du Laus est un lieu privilégié de réconciliation avec les autres. En fait, on peut donner deux significations à cette expression. Nous réconcilier avec les autres peut signifier : nous réconcilier au moyen des autres, ou faire des autres les sujets de nos réconciliations.

La mission confiée à Benoîte révèle combien nous sommes aidés par les autres pour vivre toutes nos réconciliations, et combien nous sommes appelés à aider les autres à les vivre aussi.

Il est notable que les premiers mois de rencontres entre la Belle Dame et la bergère ont surtout visé à éduquer Benoîte à une vie de prière plus intense, comme un préalable à sa mission pour aider les pécheurs à se convertir. Cette nécessité va ensuite apparaître de plus en plus nettement : Benoîte doit absolument prier pour les pécheurs les plus endurcis.

La prière pour les pécheurs reçoit pour tous une grande motivation : la conviction que nous avons le devoir de veiller au salut des autres. Et c'est loin d'être évident, à notre époque où l'on confond la liberté de conscience laissée à chacun avec l'indifférence sur le salut éternel des autres.

Le Christ nous demande très clairement : « si ton frère a commis un péché, [...] montre-lui sa faute » (Mt 18, 15). Nous ne sommes donc pas dans la logique « chacun pour soi, et on se reverra peut-être au Ciel ». Nous sommes concernés par le salut des autres.

Il ne s'agit bien sûr pas d'oublier de regarder la poutre dans notre œil avant de voir la paille dans l'œil de notre voisin, comme nous prévient le Christ. D'ailleurs, Benoîte n'allait sans aucune supériorité prévenir les pécheurs : « ce n'est pas sans peine qu'elle découvre à son prochain les fautes qu'il a commises, croyant que c'est une chose indigne d'une pécheresse de se mêler de faire la correction au moindre pécheur. »[36]

L'attitude de Benoîte nous rappelle, par son humilité et son courage, que la communion qui nous lie aux autres nous rend solidaires de leur salut. Cette solidarité, nous sommes appelés à la vivre comme la servante du Laus : « L'autre, alors, non seulement se sent rejoint dans sa misère, mais il voit s'ouvrir l'espérance d'être enfin réconcilié avec lui-même, avec les autres et avec Dieu. »[37]

Comme elle aussi, nous sommes vivement appelés à prier pour la conversion des autres. Non seulement parce qu'il y aurait non-assistance à personne en danger – en danger de mort spirituelle – à se taire quand il faut parler pour avertir ou dénoncer, mais plus encore parce que nous formons un seul corps dans le Christ. Et, dans ce corps, nous avons la mission de veiller les uns sur les autres, afin de dénoncer le mal et d'encourager à la sainteté.

Au Laus, cette responsabilité du salut des autres a été courageusement assumée par Benoîte Rencurel. Nous l'avons vu, c'est même une triple mission que le Seigneur, par la Vierge Marie, l'a invitée à accepter :

---

36. C.A. P. p. 382 [428].
37. Mgr Jean-Michel di Falco Léandri, *Benoîte Rencurel, la visionnaire du Laus*, Parole et Silence / DDB, 2008, p. 85.

désigner les péchés, amener les pécheurs à se confesser, et veiller à ce qu'ils fassent de bonnes confessions.

Cette vigilance au salut des autres dépasse même la frontière de la mort.[38] On le voit dans l'importance que les interventions mariales accordent à la prière pour les défunts. « Une femme prie Benoîte de savoir si Dieu avait fait miséricorde à sa mère. Après avoir demeuré quatre ou cinq mois, elle lui dit que sa mère était au purgatoire pour quelque temps ; elle lui fait connaître le sujet et ce qu'il fallait faire pour l'en retirer bientôt. Ce qu'elle fit, et elle en rendit grâces à Jésus et à Marie. »[39] Une autre fois, la Belle Dame encourage encore une personne à offrir des prières pour retirer un proche du purgatoire.[40] A une autre, elle demande de faire dire des messes pour quelqu'un qui était au purgatoire parce qu'elle était « trop attachée aux biens [terrestres]. »[41]

Cette charité qui nous met au service du salut des défunts est un appel pressant qui nous est lancé, comme le rappelle le Catéchisme de l'Église catholique : « Dès les premiers temps, l'Église a honoré la mémoire des défunts et offert des suffrages en leur faveur, en particulier le sacrifice eucharistique (*cf.* DS 856), afin que, purifiés, ils puissent parvenir à la vision béatifique de Dieu. L'Église recommande aussi les aumônes, les indulgences et les œuvres de pénitence en faveur des défunts. »[42]

---

38. Ce paragraphe a été rédigé grâce à l'attention sur ce point soulignée par François de Muizon lors d'une rencontre avec lui. Qu'il en soit vivement remercié !
39. C.A. G. p. 119 VII [164].
40. C.A. G. p. 124 XII [170].
41. C.A. G. p. 136 IX [181].
42. Catéchisme de l'Église catholique, § 1032.

Faire des autres les sujets privilégiés de nos réconciliations

Se réconcilier avec les autres, c'est aussi faire d'eux les sujets prioritaires de nos réconciliations. Car le Seigneur ne cesse de nous appeler au pardon, mais aussi parce que tout péché est une rupture de communion avec Dieu comme avec l'Église et avec les autres; toute démarche de réconciliation est donc une réunification avec Dieu, avec l'Église, avec les autres.

Or, nous savons qu'il est bien difficile de mettre en application ces paroles que nous disons quotidiennement dans la prière du *Notre Père*: «Pardonne-nous nos offenses comme nous pardonnons à ceux qui nous ont offensés» (Mt 6, 12). Tant que la blessure n'est pas grave, il est sans doute possible de passer l'éponge; mais quand elle est profonde, qui oserait dire qu'il est facile de pardonner?

C'est souvent une œuvre qui prend du temps, en commençant par un véritable acte de volonté, que la foi nous aide grandement à poser: «Tu pardonnes non pas en vue de changer l'autre, mais simplement pour suivre le Christ», disait le frère Roger de Taizé.[43]

Les cinquante-quatre années d'apparitions au Laus et le temps pris par le Ciel pour former le cœur de Benoîte nous invitent aussi à faire intervenir dans notre ouverture au pardon la notion du temps. C'est encore le frère Roger, qui conseillait: «Considère le prochain, non dans une phase de son existence, mais dans toutes les étapes de sa vie.»[44] En ne réduisant

43. Roger Schutz, *Les sources de Taizé,* 2001, Presses de Taizé, p. 35.
44. *Ibid.*, p. 36.

pas la personne avec laquelle nous sommes en conflit à un moment de son existence ou à un trait de son caractère, le pardon est bien plus aisé.

Mais, parfois, si l'intelligence et la volonté sont bien décidées à pardonner, les « tripes » ont plus de mal à y parvenir. C'est qu'il y a eu blessure, et nous avons mal. Or, le pardon n'est pas la négation de la blessure, mais la certitude que seul Dieu peut guérir, et qu'il a besoin de notre assentiment pour le faire.

Juste devant la chapelle de Bon-Rencontre du sanctuaire du Laus, il est un lieu privilégié pour se laisser réconcilier avec les autres : c'est la tombe de Benoîte. La Vierge Marie avait d'ailleurs fait cette étrange annonce à Benoîte : « Vos ossements feront des miracles. »[45] En entendant cette promesse, nous pouvons penser à la vision des ossements d'Ézéchiel, où le Seigneur montre au prophète une grande vallée, dans laquelle des os sont éparpillés.

Le prophète rapporte : « La main du Seigneur se posa sur moi, son esprit m'emporta, et je me trouvai au milieu d'une vallée qui était pleine d'ossements. Il m'en fit faire le tour ; le sol de la vallée en était couvert, et ils étaient tout à fait desséchés. Alors le Seigneur me dit : "Fils d'homme, ces ossements peuvent-ils revivre ?" Je lui répondis : "Seigneur Dieu, c'est toi qui le sais !" Il me dit alors : "Prononce un oracle sur ces ossements. Tu vas leur dire : Ossements desséchés, écoutez la parole du Seigneur, je vais faire entrer en vous l'esprit, et vous vivrez. Je vais mettre sur vous des nerfs, vous couvrir de chair, et vous revêtir de peau ;

---

45. C.A. G. p. 1 et 2 IV [148].

je vous donnerai l'esprit, et vous vivrez. Alors vous saurez que je suis le Seigneur" » (Ez 37, 1-5).

Cette vision s'achève sur une splendide promesse divine concernant justement la tombe : « Je vais ouvrir vos tombeaux et je vous en ferai sortir, ô mon peuple, et je vous ramènerai sur la terre d'Israël. Vous saurez que je suis le Seigneur, quand j'ouvrirai vos tombeaux et vous en ferai sortir, ô mon peuple ! Je mettrai en vous mon esprit, et vous vivrez ; je vous installerai sur votre terre, et vous saurez que je suis le Seigneur : je l'ai dit, et je le ferai. Parole du Seigneur » (Ez 37, 12-14).

C'est la même expérience de résurrection et de relèvement que permet particulièrement la tombe de Benoîte. Des cœurs éparpillés se consolident en ce lieu ; des vies desséchées retrouvent de la chair ; et surtout, des relations éclatées se réunifient et reprennent vie par un chemin de réconciliation.

Se réconcilier avec soi-même

Mais une réconciliation supplémentaire apparaît aussi nécessaire (et peut-être même conditionne-t-elle la réception des autres réconciliations, avec Dieu et avec les autres). Il s'agit de se réconcilier avec soi-même.

Entre nos erreurs du passé difficiles à assumer, nos limites présentes dans lesquelles nous nous savons tellement empêtrés, et notre difficulté à nous aimer nous-mêmes, nous faisons sans doute fréquemment l'expérience de la difficulté à nous réconcilier avec nous-mêmes.

Il est si douloureux pour un prêtre, en fin de confession, de devoir constater que l'accueil du pardon divin n'est pas véritable chez le pénitent, tant qu'il ne s'accompagne pas d'un pardon à soi-même ! Il ne s'agit pas de prétendre que la réalité sacramentelle serait conditionnée par le pardon à soi, mais de reconnaître que la joie offerte si abondamment par le Seigneur dans le sacrement de réconciliation ne peut être accueillie en plénitude qu'en se pardonnant aussi à soi-même.

C'est d'abord là un acte de foi en la puissance de la miséricorde divine : après la confession intégrale des péchés portée par une contrition réelle et un engagement à se convertir, le pénitent reçoit l'absolution qui « anéantit » le péché. La puissance de l'amour divin détruit jusqu'à l'existence de ce péché, qui ne reste présent à notre mémoire que pour nous rendre vigilants à ne pas le reproduire. Mais le péché lui-même est brûlé dans le feu de l'amour miséricordieux ; il est tué par sa puissance de vie.

Donc, une mauvaise culpabilité consiste, en quelque sorte, à revenir sur ce que Dieu a anéanti : s'il nous a pardonnés, à nous aussi de le faire pour nous-mêmes. Mais là où nous sentons bien des résistances, le sanctuaire du Laus offre une grâce particulière de bienveillance envers soi-même, d'estime de soi retrouvée, d'acceptation de nos limites.

Se réconcilier avec son caractère et sa personnalité

Cette réconciliation passe aussi par une réconciliation avec notre propre caractère. Et pour la vivre, c'est d'abord l'exemple de Benoîte qui nous est précieux. Le moins que l'on puisse dire, c'est qu'elle ne manquait pas de caractère, cette fille agitée au point qu'on a cru bon de lui infliger une prière d'exorcisme alors qu'elle était encore toute petite, craignant que son agitation ne soit le signe d'une possession démoniaque !

Mais, surtout, dans ses expériences mystiques, Benoîte n'a pas abandonné sa personnalité ; elle l'a certes affinée au fur et à mesure des rencontres mariales et des conseils célestes. Mais c'est avec son caractère que Marie l'a choisie : une paysanne tenace et entière, capable d'une grande humilité mais aussi d'un fort courage pour dénoncer les agissements, même de hautes personnalités.

On voit que la solide Benoîte n'a pas abandonné ce qu'elle était : une paysanne entière et tenace. François de Muizon écrit : « Benoîte est ainsi faite : c'est un bloc. [...] Elle est granitique, solide, abrupte parfois, comme les falaises de la région. »[46]

En 1670, quand son ange lui fait aussi des reproches sur son impatience, Benoîte lui dit : « Bel Ange, si vous aviez un corps comme nous, nous verrions ce que vous feriez. »[47] Une autre fois, lors d'une grandiose apparition où la Vierge Marie se manifeste entourée d'anges, Benoîte demande à ces derniers de se taire pour qu'elle puisse entendre ce que la Belle Dame a à lui dire ![48]

On peut sourire en entendant de tels épisodes ; mais on peut aussi y voir des enseignements plus profonds,

---

46. François de Muizon, *La vie merveilleuse de Benoîte Rencurel*, Nouvelle Cité, 2004, p. 54.
47. C.A. G. p. 61 XIII [107].
48. Cf. C.A. G. p. 92 VI [138].

comme un appel à nous décontracter dans notre vie spirituelle ou à aimer notre caractère, avec ses qualités et ses faiblesses, et peut-être aussi parfois à oser en rire : l'humour sur soi-même est souvent une très bonne chose, ferment d'humilité et de dédramatisation de certains soucis.

Nous pouvons ainsi puiser dans la vie de Benoîte de quoi nourrir notre réconciliation envers nous-mêmes. Si la bergère du Laus a dû convertir ses quelques attachements terrestres ou ses impatiences, le Ciel ne lui a pas demandé de renoncer à ce qui faisait sa personnalité.

Le renoncement à nous-mêmes n'est pas une négation de ce que nous sommes : certains ont un caractère plus enflammé, d'autres plus timide. Avec Benoîte, nous pouvons faire attention à ne pas confondre nos péchés, contre lesquels nous devons lutter de toutes nos forces, avec notre caractère, qui est un élément essentiel de notre personnalité.

Laisser tomber les apparences

Pour vivre une véritable réconciliation avec soi-même, sans doute faut-il encore croire que nous avons de la valeur indépendamment de ce que nous parvenons à faire ou de ce que nous possédons. Cette réconciliation n'est pas facile, car notre monde fonctionne beaucoup sur l'apparence. Or, si « les hommes regardent l'apparence, Dieu regarde le cœur » (1 S 16, 7).

Le message du Laus est un appel à ne pas s'arrêter aux apparences. Le site lui-même en témoigne : ce n'est pas un endroit qui impressionne. La basilique Notre-Dame du Laus n'est pas plus impressionnante que beaucoup d'églises de la région.

Mais sa vraie force, on la découvre quand on commence à prier en ce lieu. Alors que la première pierre du château de Versailles a été posée en 1664, l'année des premières apparitions au Laus, le véritable château, nous savons où il se trouve : la basilique du Laus est un vrai château de vie intérieure.

Dans la vie de Benoîte, on trouve également comme des appels à ne pas nous arrêter aux apparences. Pour la Noël 1664, le gouverneur de Gap offre une belle robe à Benoîte, qui la porte pour la messe de minuit. Les Manuscrits rapportent sobrement : « Marie lui dit de la quitter, qu'elle ne voulait pas qu'elle la porte, ce qu'elle fit. »[49] C'était bien sûr pour prémunir la servante du Laus de toute accusation de tirer profit des apparitions, mais c'est aussi certainement un regard particulier sur le vêtement que la Vierge veut aider à comprendre.

Ce ne sont pas nos vêtements qui nous donnent de la valeur. Manquant de confiance en nous-mêmes et d'estime de nous-mêmes, nous pouvons croire que c'est par des vêtements de marque que nous allons, en quelque sorte, « exister », « être quelqu'un ». C'est vrai aussi d'autres possessions : voiture luxueuse ou objets technologiques qui nous donnent l'illusion d'être « exclusifs », hors du commun.

Chacun de nous est bien hors du commun, par la volonté de Dieu qui nous a tous faits différents. Notre

49. C.A. G. p. 14 XXIII [60].

valeur ne tient donc pas en des biens matériels, des apparences, des beautés physiques. Nous sentons d'ailleurs qu'une réconciliation avec nous-mêmes, pour une véritable estime de soi, nécessite de discerner ce qu'il y a de bon et de bien en nous, plutôt que de nous soucier de notre aspect physique ou de nos possessions.

Et si tout le monde prenait autant de soin à soigner son âme qu'il en a à soigner sa tenue ou sa coiffure, notre terre tournerait certainement mieux! Notre vraie valeur nous a été révélée au jour de notre baptême: «vous avez revêtu le Christ» (Ga 3, 27).

Voilà notre vrai vêtement, le seul nécessaire en quelque sorte, inusable et indémodable, toujours beau et saillant: le Christ. C'est lui qui nous donne notre véritable dignité; c'est lui qui nous permet vraiment une réconciliation avec ce que nous sommes, en nous faisant rejeter le péché qui est à l'opposé de notre être véritable.

L'expérience de Benoîte, le message du Laus comme les paysages environnants dont la beauté touche les yeux et le cœur permettent, en ce sanctuaire, de retrouver une véritable estime de nous-mêmes, bien plus essentielle que l'apparence physique ou les possessions matérielles.

Du temps pour la réconciliation

Une telle démarche de réconciliation, dans toutes ses dimensions, peut prendre du temps. Au sanctuaire du Laus, on peut justement laisser le temps faire son œuvre; et il n'est pas rare de voir des pèlerins avoir besoin de grands temps de méditation et de promenade pour laisser l'œuvre de la grâce mettre tout en place en eux : estime de soi et pardon aux autres, redécouverte de la douce présence de Dieu et réconciliation avec la joie, la beauté, le temps qui passe.

Au sanctuaire du Laus, le Seigneur emploie le temps pour nous faire avancer, comme il l'a fait durant cinquante-quatre ans avec Benoîte. Et ce temps « habité » devient lieu de grâces. Nous verrons plus loin que le sanctuaire du Laus favorise aussi une réconciliation avec le temps, ce temps dont Dieu dispose tellement mieux que nous !

3

Le corps réconcilié

Corps malades, corps vieillissants, corps qui ne sont jamais comme nous les voudrions : trop gras ou trop rachitiques, trop poilus ou trop chauves, trop grands ou trop petits… Une réconciliation intégrale de nous-mêmes ne passe-t-elle pas, de manière essentielle, par une réconciliation avec notre corps ? Sans compter les corps chosifiés dans la pornographie ou dans la recherche médicale utilitariste.

Une réconciliation nécessaire aussi, pour beaucoup, avec un autre corps qui nous fait vivre : le corps de l'Église. Souvent critiqué par ses membres, y faisant couler davantage le poison de l'amertume que le sang de la vie, le corps ecclésial a grandement besoin de réconciliation.

Et le corps eucharistique : banalisé, voire parfois outragé, le corps eucharistique du Christ doit aussi certainement faire l'objet en nous de réconciliations ; à la fois pour accueillir davantage ce mystère et le vivre plus intensément, mais aussi pour nous conduire à demander pardon au Seigneur pour nos manques de respect à l'égard de sa présence eucharistique.

Corps physique, corps ecclésial, corps eucharistique : lequel de ces trois corps a le plus besoin, en nous, de réconciliation ? Le message du Laus et l'expérience mystique de Benoîte nous aident à discerner et à guérir toutes nos blessures de corps.

Faire du bien à son corps

Benoîte Rencurel est née à une époque marquée par le jansénisme. Comme beaucoup, en son temps, elle employait le fouet pour mâter son corps et s'adonnait à de nombreuses pénitences, avec le désir sincère de correspondre ainsi davantage à la volonté du Seigneur.

Mais, un jour de 1670, son ange la réprimande à cause de ses mortifications qu'il estime excessives : « Il lui ôte tous les instruments avec lesquels elle mâte son corps, sans qu'elle sache qui les lui a pris ». Benoîte « s'en plaint à la Sainte Vierge la première fois qu'elle lui apparaît ; elle lui dit que son bon ange lui a enlevé les instruments par lesquels elle mâtait son corps. »[50] Clairement, le Seigneur ne veut pas que nous nous fassions du mal. C'est peut-être une évidence, mais c'est aussi une révélation qui apporte un profond réconfort et qui nous oblige, envers nous-mêmes, à la même délicatesse : nous n'avons pas le droit de haïr ou de faire violence à notre corps.

Cette intervention angélique nous aide ainsi à vraiment nous réconcilier avec notre corps : il n'est pas l'ennemi de notre âme, mais cette partie essentielle de nous-mêmes qui permet la relation.

50. C.A. G. p. 62 XIV [108].

Plus encore, il s'agit pour nous de faire du corps un lieu de prière et d'action de grâce, comme l'enseigne saint Paul : « Votre corps est le temple de l'Esprit saint, qui est en vous et que vous avez reçu de Dieu ; vous ne vous appartenez plus à vous-mêmes, car le Seigneur a payé le prix de votre rachat. Rendez donc gloire à Dieu dans votre corps » (1 Co 6, 19-20).

Temples de l'Esprit, nos corps ne sont pas les ennemis de notre foi, mais les occasions privilégiées d'une action de grâce ; ainsi, dans un couple marié, la relation sexuelle est-elle reconnue par l'Église comme une expression majeure d'action de grâce au Seigneur et d'union plus profonde entre les conjoints.

La reconnaissance de la dignité du corps humain nous appelle aussi à respecter les corps des autres et à prendre soin de leurs corps : « j'avais faim et vous m'avez donné à manger, j'avais soif et vous m'avez donné à boire, [...] j'étais nu et vous m'avez habillé » (Mt 25, 35-36).

La dignité du corps humain, le Seigneur nous la rappelle également au Laus par son attention à nos blessures corporelles. Combien de guérisons a-t-on pu recenser, particulièrement par l'application de l'huile de la lampe du tabernacle ! Les Manuscrits comptent plus de 60 guérisons dans les deux premières années du pèlerinage (1665-1667), et régulièrement par la suite : « les guérisons des yeux et des ulcères sont les plus fréquentes, ainsi que les paralysies, les cas dits désespérés, les maladies digestives ou nerveuses, et enfin les grosses fièvres et les surdités. »[51]

---

51. P. René Combal, *Prier 15 jours avec Benoîte Rencurel,* Nouvelle Cité, 2003, p. 45.

Depuis la fin de l'année 2009, où nous disposons d'un bureau médical au sanctuaire, ce sont environ trente guérisons physiques inexpliquées qui sont recensées chaque année, et un nombre incalculable de guérisons intérieures.

La réconciliation avec la sexualité

Mais d'autres guérisons corporelles sont constatées au sanctuaire du Laus : on pourrait les appeler « guérisons de l'affectivité et de la sexualité ». Il n'est pas rare de voir des personnes prises dans des relations sexuelles déviantes (tromperie, sexualité débridée, masturbation, etc.) recevoir, en ce sanctuaire, la grâce d'un changement profond, alors même qu'elles croyaient être définitivement prisonnières de ces vices. On constate aussi, dans le sacrement du pardon, un déploiement de cette grâce dans le courage à dénoncer les péchés sexuels, qui sont certainement parmi les plus honteux à dévoiler.

Nous avons là une continuation de l'œuvre de Benoîte et une attention particulière de la Vierge Marie au sanctuaire du Laus : la majorité des péchés que Benoîte avait pour mission de dévoiler aux autres étaient des péchés contre la chasteté. « Il suffit de lire une ou deux pages des récits de l'abbé Gaillard pour voir que, même s'il parle ici ou là d'autres péchés, les manquements de nature sexuelle sont de beaucoup les plus fréquents. »[52]

---

52. P. Juan Manuel Lozano Nieto, « Messagère de Notre-Dame et mystique de la compassion », *Réponses aux questions de la commission historique du procès de béatification de Benoîte Rencurel, Congregatio de causis sanctorum*, 2006, p. 19.

Pour le cœur pur de Benoîte, il a été certainement très pénible d'avoir à ouvrir les yeux sur les désordres sexuels de notre humanité. Alors qu'elle a bénéficié des beautés célestes, elle a aussi été marquée par la laideur des péchés de sexualité ; peut-être d'ailleurs a-t-elle reçu ces témoignages des beautés du Ciel de manière à pouvoir supporter la laideur du péché.

Mais, quoi qu'il en soit, Benoîte a été marquée par cette réalité. Elle a aussi été tentée contre la chasteté. Les Manuscrits du Laus nous révèlent que, dès l'âge de vingt-cinq ans, elle a eu à lutter contre des pensées sexuelles, permises par Dieu pour qu'elle assume mieux sa mission : « Comme Benoîte n'avait jamais eu de pensées impures, elle ne porte pas de compassion envers ceux qui en sont tourmentés. Dieu permet qu'elle en ait de si fortes [...] sans pourtant qu'elles puissent faire brèche à sa pureté ; ce qui lui permet ensuite d'avoir une grande compassion envers ceux qui en sont atteints. »[53]

La servante du Laus est donc pour tous une alliée de choix dans les luttes contre les péchés sexuels ; par sa compassion, elle aide aussi à croire au surcroît de miséricorde du Seigneur en ce domaine particulièrement.

La réconciliation avec la mort

Sans doute peut-on aussi parler d'une autre réconciliation avec le corps, dans le fait que l'exemple de Benoîte nous aide à poser un regard d'espérance sur la mort.

53. C.A. G. p. 76 XIII [122].

La mort est bien « le dernier ennemi » (1 Co 15, 26) contre lequel le Christ a lutté et est sorti vainqueur[54]. Se réconcilier avec la mort ne signifie pas être fataliste devant cette perspective inéluctable de l'existence ; mais c'est une affaire d'acceptation de la réalité et d'accueil de la victoire de la Vie, car le Christ a vaincu la mort sur le bois de la croix : « Ô mort, où est ta victoire ? » (1 Co 15, 55).

Cette révélation centrale de notre foi chrétienne a sans doute besoin d'être rappelée, pour que nous l'accueillions vraiment, en refusant de vivre comme si la victoire de la Vie ne transformait pas toute la réalité : « Frères, nous ne voulons pas vous laisser dans l'ignorance au sujet de ceux qui se sont endormis dans la mort ; il ne faut pas que vous soyez abattus comme les autres, qui n'ont pas d'espérance » (1 Th 4, 13).

La mort de Benoîte est édifiante à cet égard : « Levant les yeux vers le ciel, entre les bras de ses nièces et la venue des anges qu'elle donnait à connaître par son visage riant, elle décéda joyeusement. »[55] L'expression employée est étonnante : « elle décéda joyeusement » !

Si la mort de nos proches nous peine bien évidemment, nous sommes appelés à jeter un regard d'espérance sur la mort et à souhaiter mourir, comme Benoîte, dans les bras de Marie : « La Très Sainte Vierge,

54. « Alors, tout sera achevé, quand le Christ remettra son pouvoir royal à Dieu le Père, après avoir détruit toutes les puissances du mal. C'est lui en effet qui doit régner jusqu'au jour où il aura mis sous ses pieds tous ses ennemis. Et le dernier ennemi qu'il détruira, c'est la mort, car il a tout mis sous ses pieds » (1 Corinthiens 15, 25-27).

55. Lettre du prêtre Jean-Baptiste Royère à François Malaval, *Biographie documentée* (dossier historique de la béatification de Benoîte Rencurel), Rome, 1996, p. 367.

qu'elle avait eu le bonheur de voir tant de fois, lui est apparue à ses derniers moments, afin qu'elle puisse rendre le dernier soupir entre ses bras; l'heureuse Benoîte n'avait alors plus rien à souhaiter que la vie de Dieu, le partage des cœurs et des âmes pures, à qui elle rendit son esprit dans une paix profonde, le jour auquel l'Église honore la mémoire de tant d'innocentes victimes qui furent immolées entre les bras de leurs mères, par l'ordre d'un roi jaloux et cruel. »[56]

L'expérience de Benoîte semble faire écho à celle du vieillard Syméon qui, rencontrant le Christ enfant, chante ce cantique qui conclut chaque soir la prière de l'Église: « Maintenant, ô maître souverain, tu peux laisser ton serviteur s'en aller en paix, selon ta parole. Car mes yeux ont vu le salut que tu préparais à la face des peuples » (Lc 2, 29-30).

Par l'intercession de la Vierge Marie et de Benoîte, nous pouvons demander, pour les autres et pour nous-mêmes, cette grâce d'une mort joyeuse. Mais peut-être pensons-nous d'abord, avec légitimité, à une mort qui ne soit pas dans trop de souffrances; Benoîte nous aide cependant à considérer d'abord notre mort du côté de l'âme, pour qu'elle soit bien disposée à rencontrer son Sauveur et qu'elle se réjouisse d'une telle rencontre d'amour.

Pour nous encourager à vivre cette réconciliation d'espérance avec la mort, le Ciel a offert au Laus un autre signe: lors de l'ouverture de la tombe de Benoîte en 1775, 57 ans après sa mort, des témoins

---

56. C.A. G. p. 537 II [577]. Benoîte est morte le 28 décembre 1718, en la fête des saints Innocents, dont il est fait mention dans le récit de sa mort.

constatent que son corps était sans aucune trace de décomposition.

Le corps eucharistique

Enfin, pour élargir et fonder notre regard sur le corps humain, il faut dire que la foi chrétienne est éminemment corporelle, au sens où elle s'enracine dans la vérité de l'incarnation, quand Dieu prend notre chair pour nous sauver. Nous offrant son corps en nourriture, dans l'eucharistie, le Christ ne méprise pas nos corps mortels, il les rejoint très concrètement, il vient les toucher et les guérir.

Et nous voici introduits à l'accueil d'une autre réconciliation « corporelle » : nous réconcilier avec le corps eucharistique. Une réconciliation nécessaire, tant parce que nous pouvons avoir du mal à accueillir ce grand et beau mystère de l'eucharistie, qu'en raison de nos ingratitudes, négligences ou outrages à l'égard de la divine présence eucharistique.

Le message marial à Benoîte Rencurel l'appelle à un grand respect du mystère eucharistique. La Belle Dame elle-même apprend à Benoîte la prière de *L'Amende honorable*, qui dit notamment :

> Adorable Sauveur, Toi qui par un excès ineffable de Ton Amour a voulu rester au milieu de Ton Église jusqu'à la fin des siècles dans le Très Saint Sacrement de l'Autel, nous t'adorons [...].
>
> Resplendissement de la Gloire du Père, Toi devant qui les anges se prosternent, nos yeux, aveuglés par Ta Sainteté, se fixent humblement

sur les voiles mystérieux qui Te cachent à nos regards.

Couverts de confusion à la vue de nos péchés, nous nous exposons devant Toi avec un cœur brisé et humilié. Nous Te faisons amende honorable pour le manque de respect de ton peuple à l'égard de Ta Présence Eucharistique, pour sa négligence à Te rendre hommage et à Te recevoir dans les dispositions convenables, pour les outrages que Tu as reçus et que Tu ne cesses de recevoir.

Il s'agit donc bien de nous réconcilier avec notre regard sur l'eucharistie : car, si ce mystère nous dépasse, il n'est pas question de le diminuer pour le rendre plus accessible. La prière de l'amende honorable parle de la présence réelle eucharistique comme d'une présence sous des « voiles mystérieux ».

Il est important de le reconnaître : aucune apparition de Jésus n'est une présence aussi forte que celle de l'eucharistie. A ce titre, sans rien retirer à la haute valeur de l'expérience mystique de Benoîte Rencurel, il faut reconnaître que nous n'avons rien à lui envier quand nous participons à l'eucharistie !

Mais tous n'ont pas accès à ce grand sacrement : petits enfants, chrétiens qui vivent sans présence de prêtre ou divorcés-remariés. Pour ces derniers, particulièrement, ce peut être une grande douleur. Or, le message du Laus apporte ici encore un grand réconfort, en rappelant l'importance de l'eucharistie, mais aussi les différentes manières par lesquelles nous pouvons nous y unir. Les Manuscrits du Laus précisent ainsi : « Ceux qui ne reçoivent pas son corps réellement le peuvent spirituellement, pour participer au sacrifice de la messe comme le faisaient les pères du désert.»[57]

Benoîte encourage vivement à participer à l'eucharistie. Ainsi, quand un ermite lui posa la question – tellement moderne ! – de savoir s'il n'était pas mieux de prier Dieu dans sa chambre plutôt que de sortir pour participer à la messe, la fondatrice du sanctuaire répond sans hésitation: «Non, car le sacrifice de la messe est d'un mérite infini [...]. Pour une raison qui me saute aux yeux, ne sortez-vous pas de votre chambre pour chercher des provisions?»[58]

Benoîte montre ainsi à cet ermite que l'eucharistie est une nourriture indispensable, qui nous oblige peut-être à sortir (ce qui est plus vrai que jamais de nos jours, où certains doivent parcourir des kilomètres pour participer à la messe), mais qui est vitale.

C'est la Vierge elle-même qui va encourager Benoîte à une communion plus fréquente: de mensuelles au début des apparitions, Benoîte va ensuite vivre des communions hebdomadaires, et participer quotidiennement à la messe, La Belle Dame lui a fait comprendre la nécessité vitale de l'eucharistie, tout en creusant en elle un respect toujours plus grand de ce mystère. Cet enseignement servira pour la vie spirituelle de Benoîte, mais aussi pour sa mission; on la verra par exemple prévenir souvent des pèlerins de ne pas faire de communions sacrilèges.

Finalement, pour accueillir au mieux le mystère eucharistique et en vivre toutes les conséquences

57. C.A. G. p. 82 VI [128].
58. *Ibid.*

dans notre vie quotidienne, nous sommes appelés non à espérer tout comprendre sur terre de cette présence réelle, mais à la respecter profondément et à rendre grâce au Seigneur pour un tel don : « Adorable Sauveur, Toi qui par un excès ineffable de ton Amour a voulu rester au milieu de ton Église jusqu'à la fin des siècles dans le Très Saint Sacrement de l'Autel, nous t'adorons ! »

L'expérience spirituelle de Benoîte Rencurel est donc un appel à vivre davantage la prière d'adoration. Elle-même passait des nuits entières dans la chapelle de Bon-Rencontre, à prier le Seigneur présent au tabernacle.

Elle trouvait dans cette présence, plus encore que dans les apparitions, un soutien pour affronter les difficultés de sa vie et de sa mission : « Cette bonne fille a tant de foi et de vénération pour l'auguste sacrement de l'autel, qu'elle dit fort souvent que, pourvu qu'elle soit dans l'Église où le Saint Sacrement repose ou est exposé, quand tout l'enfer viendrait, il ne saurait l'épouvanter. »[59]

L'huile du Laus

Pour accueillir ce grand mystère, la Vierge Marie a offert au sanctuaire Notre-Dame du Laus un signe particulier : l'huile de la lampe du tabernacle. La Belle Dame avait annoncé à Benoîte que l'huile de la lampe, si on s'en appliquait avec foi et en ayant recours à son intercession, on serait guéri.

---

59. C.A. P. p. 408 [449].

Depuis lors, des dizaines de témoignages chaque année confirment l'accomplissement de la promesse mariale. Dans les Manuscrits du Laus, Pierre Gaillard rapporte toutes les guérisons dont il a été le témoin, avant de conclure : « il y en a une infinité d'autres, desquelles on n'a pas pu avoir connaissance, et surtout une grande quantité de boiteux et estropiés, qui ont laissé leurs potences sans avoir voulu rien dire. »[60] Aujourd'hui encore, des pèlerins témoignent des grâces de guérison dont ils sont bénéficiaires, d'autres préfèrent pudiquement les taire, mais elles sont bien là.

Cette huile par laquelle la promesse mariale s'accomplit n'est pas n'importe quelle huile : elle est celle de la lampe du tabernacle, laquelle nous montre la présence réelle du Christ dans l'eucharistie.

L'efficacité de cette huile ne tient donc pas à sa matière (c'est une huile des plus ordinaires) mais à son rapport à l'eucharistie : c'est le corps eucharistique du Christ qui rejoint nos corps meurtris, malades, et qui les relève jusqu'au grand relèvement éternel. René Combal nous invite à voir dans la puissance du corps eucharistique du Christ le prolongement de la

60. C.A. G. p. 47 I [93]. Le juge François Grimaud s'est lui aussi soucié d'un recensement précis des guérisons : « La première guérison est enregistrée le 26 juin 1665. [...] Du 28 juin au 8 septembre, 18 guérisons sont notées par le juge. Guérisons de fièvres, de maux de jambes, de malformations de croissance. [...] Les pèlerins commencent à se vouer à Notre-Dame du Laus. Le dernier cas enregistré par François Grimaud est celui de sa fille Charlotte, âgée de sept ans. Elle est guérie le 25 juin 1667 d'une tumeur à l'oreille et elle retrouve la vue » (Marie-Agnès Vallart-Rossi, *Une laïque missionnaire, Benoîte Rencurel,* Nouvelle cité, 1986, p. 42). Cf. C.A. G. p. 43 III [89].

puissance de son corps physique, lorsqu'« il sortait de son corps une force, qui les guérissait tous » (Lc 6, 19).[61]

Il est beau de venir dans cette basilique le soir, quand tout s'endort. Et que la seule lumière qui continue à briller dans la chapelle de Bon-Rencontre, c'est la lampe du tabernacle. Car alors, cette délicate lumière, que nous voyons à peine ici tant la vasque qui l'abrite est imposante, éclaire vraiment la présence du Ressuscité, qui « ne dort ni ne sommeille » (Ps 121, 4).

Ce signe de l'huile permet ainsi d'approfondir le lien entre nos corps physiques et le corps eucharistique du Christ. Elle nous dit à quel point le Seigneur veut nous faire du bien par l'eucharistie. D'ailleurs, l'huile ne s'applique pas avec violence, elle s'appose telle une caresse. Il est nécessaire de la prendre délicatement pour se l'appliquer sur un bras endolori ou un cou meurtri. C'est avec autant de douceur – voire davantage encore – qu'on l'applique à une autre personne.

Nous retrouvons ici l'appel de bienveillance à l'égard de notre corps que le message du Laus nous appelle à vivre : comme une caresse du Seigneur, comme une tendresse de Marie sur nos corps meurtris, l'huile de la lampe nous redit la dignité de tout corps humain, fut-il vieillissant ou malade. Le corps n'est ni notre ennemi, ni une marchandise : il est l'espace de la caresse divine.

Mais cette onction peut aussi devenir un geste de réparation pour tous les outrages faits au corps humain, dans la pornographie, les relations sexuelles

61. Parallèle établi par le père René Combal, *Prier 15 jours avec Benoîte Rencurel*, Nouvelle Cité, 2003, p. 59.

déviantes, l'avortement, l'euthanasie, ou certaines recherches médicales. Que l'huile descende en abondance, comme sur la barbe d'Aaron, pour restaurer ce qui est abîmé par le péché !

Cette huile est aussi un appel à veiller dans l'espérance. Elle fait penser à l'huile des dix vierges, qui attendent la venue de l'époux.[62] Elles ont toutes le vif désir de rencontrer l'époux, qui tarde à venir. L'attente est longue, les vierges s'endorment ; l'huile du Laus est justement une huile pour ne pas dormir, une huile pour veiller car nous savons que le Seigneur va venir.

Au sanctuaire, l'huile de la lampe a donc d'abord à voir avec notre désir de rencontrer Dieu. Il n'est pas possible de s'appliquer cette huile en souhaitant seulement une guérison, aussi légitime soit-elle. Déconnectée de la démarche d'attente du Seigneur, l'huile de la lampe du tabernacle perd cette heureuse tension vers un terme, un aboutissement, une plénitude que nous ne pouvons pas vivre pour l'instant.

Il est vraiment nécessaire, pour habiter le temps présent, d'accepter cette réalité : nous allons vers une plénitude, mais elle n'est pas pour ici-bas. Nous avons de forts désirs, de grandes aspirations, mais elles ne trouveront pas leur accomplissement total en ce monde. L'huile est donc là comme un signe de ce que nous ne possédons pas encore ; et elle nous aide à accepter que personne sur terre, et évidemment aucun bien matériel ni aucune activité, ne pourra jamais nous combler entièrement.

---

62. Cf. Matthieu 25, 1-13.

Alors, à l'instar des dix jeunes filles qui restent éveillées pour ne pas manquer la rencontre avec l'époux, l'huile de la lampe du tabernacle se révèle, au Laus, comme une huile pour patienter sans dormir, car c'est certain : le Seigneur va venir !

Mais cette veille est active : il ne s'agit pas seulement d'éviter de s'endormir, il faut encore agir concrètement. L'huile de la lampe du tabernacle nous rappelle ainsi notre mission chrétienne : de même que cette huile a pour mission de se consumer afin d'éclairer la présence réelle du Christ, de même nous devons nous consumer pour éclairer la présence du Sauveur dans le monde.

Ce que regrettent certains de nos contemporains – parfois avec raison – c'est de voir des chrétiens qui ne sont pas cohérents avec leur foi : seuls des croyants consumés touchent le cœur des autres. Ils sont marqués par un abbé Pierre, une sœur Emmanuelle, un père Pedro, ou des parents dévoués. Ils sont touchés par des moines de Tibhérine restés fidèles ou par des prêtres qui chantent sans renier leur consécration. Ils sont interrogés par des religieuses et des religieux qui font de la prière le cœur de leur vie. Ils sont touchés par des chrétiens qui visitent les malades, nourrissent ceux qui ont faim et prennent du temps pour des vieillards qui n'intéressent plus personne.

Comme l'huile de la lampe du tabernacle, il est certain que nous allons perdre quelque chose à brûler de charité pour éclairer le Christ : l'huile se consume d'instant en instant ; elle disparaît au fur et à mesure. Mais ce n'est pas elle qui compte, c'est la lumière qu'elle produit en se donnant.

Elle peut être fière, cette huile qui part en fumée : car elle a éclairé la vie des autres, elle a montré le Christ. Préférons-nous être une huile rance, que l'on jette parce qu'elle est restée inutile et qu'elle sent mauvais, ou une huile consumée, brûlée par amour ?

C'est bien une question essentielle que nous pose l'huile de la lampe du tabernacle ; aucune onction de cette huile ne devrait donc être vécue sans renouveler le désir de nous donner vraiment.

Destinée à brûler pour éclairer, l'huile peut aussi avoir d'autres fonctions : par exemple, elle peut dégripper des rouages. En nous appliquant l'huile du Laus, nous pourrions donc nous décider à laisser le Seigneur, par l'intercession de la Vierge Marie, dégripper tout ce qui empêche nos « rouages » intérieurs de bien fonctionner : dégripper nos peurs, nos hésitations à nous convertir ou nos manques de confiance en la puissance du Christ.

En assaisonnement, aussi, l'huile retire l'amertume ; dans nos rapports aux autres et sans doute également dans notre regard sur l'Église, n'avons-nous pas besoin de chasser ce poison de l'amertume, qui nous fait tout voir négativement et qui nous paralyse ? Versons-nous l'huile du Laus, pour évacuer toutes nos amertumes et les remplacer par de la douceur et de la bienveillance.

L'huile peut aussi être employée pour apaiser les coups de soleil. Ainsi, en nous appliquant l'huile du Laus, nous pouvons laisser le Christ apaiser tout ce qui est trop brûlant en nous : nos orgueils, nos rancunes envers certains, nos mauvais désirs sensuels aussi, puisque l'huile du Laus se révèle ainsi particulièrement efficace pour que la grâce divine et l'agir de la Vierge immaculée libèrent d'impuretés sexuelles.

Prier avec nos sens : l'huile et les parfums du Laus

L'huile de la lampe du tabernacle, en sollicitant le toucher, nous renvoie aussi à notre manière d'intégrer tous nos sens dans notre vie spirituelle. Or, nous pensons sans doute trop souvent qu'il faudrait déposer nos corps sur des porte-manteaux, à l'entrée de l'église, de manière à vivre une prière plus intense et moins distraite. C'est oublier que le Seigneur nous attend dans la prière avec tout notre être, donc avec notre corps.

Il est dommage que nous ne sollicitions pas suffisamment nos corps et nos sens dans la prière : depuis les gestes de posture du corps jusqu'à l'ouverture de nos oreilles pour écouter et de nos yeux pour voir de belles liturgies et de beaux édifices.

Les deux sens particulièrement laissés de côté dans notre prière sont le toucher et l'odorat ; or, les deux signes sensibles par lesquels la grâce divine se manifeste spécifiquement au sanctuaire Notre-Dame du Laus sont justement des signes qui sollicitent ces deux sens : l'huile de la lampe pour le toucher, et la grâce des parfums pour l'odorat. Le Seigneur semble ainsi nous dire que, même les sens que nous pensons les moins concernés par notre prière (donc par notre relation à lui) le sont à ses yeux.

Le geste de l'onction d'huile, nous en avons déjà parlé ; voyons maintenant le sens de l'odorat sollicité par la grâce des parfums – appelée aussi « les bonnes odeurs du Laus ».

Cette grâce s'enracine dans l'expérience spirituelle de Benoîte. Dès les premières apparitions, au vallon des Fours, Benoîte témoigne de la présence de parfums provenant de la Belle Dame : « Ses vêtements exhalent des parfums si suaves, qu'on croirait que le vallon tout entier est couvert de plantes et de fleurs les plus balsamiques. »[63]

Lors de l'apparition au lieu-dit Pindreau, le 29 septembre 1664, c'est la Vierge Marie elle-même qui parle de parfums : « La divine Marie lui dit d'aller au Laus, du côté du septentrion, au lieu où elle verra une petite chapelle, où elle sentira bon. »[64] Le lendemain, la bergère met à exécution la demande mariale et se rend jusqu'au petit hameau du Laus, situé à quelques kilomètres de chez elle, mais où elle n'avait encore jamais mis les pieds. La petite chapelle construite par les habitants du hameau est si modeste que Benoîte peine à la trouver. Mais voilà qu'une odeur suave la guide jusqu'à ce lieu, qui restera l'emplacement privilégié des rencontres entre la Vierge et Benoîte pendant cinquante-quatre années.

Cette grâce de parfum n'était cependant qu'un prélude à d'autres bonnes odeurs : quand Benoîte allait bénéficier d'une apparition, celle-ci était précédée d'un parfum délicat senti par la bergère : « Quand la Mère de Dieu se fait voir, les odeurs précèdent Benoîte, avec tant de joie et de consolation qu'elle ne peut

63. Charles Matheron, *Recueil historique des merveilles opérées à Notre-Dame du Laus*, Grenoble, 1736.
64. C.A. G. p. 13 XXI [59].

plus ni manger ni boire et qu'elle paraît comme un soleil. »[65] Une fois le temps d'apparition achevé, c'est Benoîte elle-même qui était tout imprégnée de bonnes odeurs, comme en ont témoigné de nombreux pèlerins de l'époque.

Par ailleurs, d'autres pèlerins ont attesté avoir, à leur tour, bénéficié d'une grâce particulière de bonnes odeurs ; cette grâce perdure encore de nos jours, où il n'est pas rare de rencontrer des personnes bénéficiant de ce signe délicat.

Pourquoi certains le reçoivent et d'autres pas ? C'est un choix qui appartient à la Vierge Marie ; ce qui est clair, c'est qu'il ne dépend pas des mérites personnels de la personne qui les reçoit.

Il reste que, pour tous, cette grâce reçue par certains est une invitation à reconnaître la présence délicate du Seigneur et de Marie dans la vie de chacun. Grâce qui suit un moment difficile, qui prépare à une mission ou qui anticipe une épreuve, les bonnes odeurs du Laus ont toujours à voir avec la consolation que Dieu veut nous offrir. « La consolation est un moment de pure gratuité, un instant de pure grâce, qui ne se donne que lorsqu'on ne la cherche pas, qui disparaît dès lors qu'on veut la retenir. De consolations de Dieu, il nous faut passer au Dieu de toute consolation. »[66]

La grâce sensible des parfums est aussi un appel à être attentifs aux nombreuses autres grâces, pas toujours sensibles, dont le Seigneur ne cesse de nous

---

65. C.A. G. p. 102 VII [149].
66. Mgr Jean-Michel di Falco Léandri, *Benoîte Rencurel, la visionnaire du Laus,* Parole et Silence / DDB, 2008, p. 108.

combler. Elle est bien sûr aussi l'occasion d'une action de grâce à notre Dieu, qui se plaît à séduire nos sens pour nous révéler davantage sa beauté.

On pourrait à l'envie méditer sur cette grâce de parfum : « Tu répands le parfum sur ma tête ; ma coupe est débordante », dit le psalmiste (Ps 22, 5). Ce psaume est un chant d'allégresse ; le parfum a quelque chose à voir avec la joie qui nous vient du Seigneur.

La grâce des parfums du Laus se révèle ainsi comme un signe de joie. D'ailleurs, le livre des *Proverbes* associe l'huile et le parfum (les deux signes particuliers du Laus) comme expression d'allégresse : « L'huile et le parfum mettent le cœur en joie » (Pr 27, 9).

Il est également signe de gratuité : personne ne peut enfermer les bonnes odeurs du Laus dans un bocal. Le doux parfum ne peut être qu'accueilli au moment où il est donné ; puis il doit être abandonné quand il repart. Ainsi, le pèlerin bénéficiant de cette grâce expérimente la nécessité de « lâcher », de ne pas vouloir tout maîtriser de l'existence, et de faire confiance au Seigneur qui donne, en temps voulu, ce dont nous avons besoin.

La grâce des parfums est aussi un appel à la conversion. Il en est ainsi de toute grâce : expression de la pure gratuité divine, une grâce est aussi le signe d'un envoi en mission, à l'instar du saint chrême dont est oint le nouveau baptisé. Cette huile parfumée manifeste la bonne odeur du Christ, prêtre, prophète et roi, auquel le baptisé est uni ; ce dernier reçoit donc l'onction qui envoie en mission pour diffuser le parfum du Christ par toute sa vie.

La grâce des parfums, au sanctuaire du Laus, est donc un appel à avoir une vie de bonne odeur. Or, nous savons combien nos péchés sentent mauvais ; certaines de nos paroles ne sentent pas bon, certaines de nos pensées non plus. Benoîte a expérimenté l'odeur pestilentielle du démon, celui qui a refusé entièrement la bonne odeur du Christ pour s'enfermer dans la désobéissance nauséabonde.

La réconciliation avec le corps ecclésial

L'accueil de la réconciliation avec le corps eucharistique du Christ et avec nos corps physiques nous appelle à une autre réconciliation sans doute nécessaire : avec le corps ecclésial.

Or, il est loin d'être évident que nous soyons pleinement en paix avec ce « troisième corps ». Notre regard sur l'Église est sans doute souvent trop extérieur ou très critique. Nous attendons des autres qu'ils agissent mieux, sans peut-être assez nous soucier de commencer par notre propre conversion, pour nous sentir véritablement partie prenante du corps ecclésial. Et voici que l'expérience de Benoîte Rencurel se révèle remarquable, dans sa manière toute naturelle de concilier l'obéissance à l'Église et le droit à s'exprimer.

Une première anecdote nous montre que le Ciel ne manque pas d'humour. La Vierge Marie n'a pas choisi n'importe quelle chapelle comme lieu privilégié de rencontres avec Benoîte pendant cinquante-quatre ans : elle a voulu que ce soit cette petite chapelle de Bon-Rencontre, qui avait été construite par les habitants du hameau… sans autorisation épiscopale ! Se rendant compte de cette omission, ils font la demande à l'archevêché d'Embrun, comme si la construction n'avait pas encore été commencée. Le Ciel connaissait cette anomalie, mais c'est justement ce lieu qui a été choisi pour les plus longues apparitions du monde !

Il n'y a pourtant aucune fronde de Benoîte et du sanctuaire du Laus contre l'Église, bien au contraire. Cette anecdote montre simplement que la fidélité à l'Église n'est pas une rigidité qui paralyse l'enthousiasme de la vie.

C'est ce que nous voyons au cours des enquêtes canoniques que Benoîte va devoir subir pour vérifier sa crédibilité. La Vierge Marie encourage la bergère à « rendre raison aux gens d'Église, sans crainte ».[67] Mgr Jean-Michel di Falco Léandri commente : « Marie, en invitant Benoîte à ne pas craindre les prêtres qui viennent mener leur enquête, montre que l'Église, dans la faiblesse de ses membres, est bien le Christ continué et transmis. Elle renvoie Benoîte à une Église incarnée, pas à une Église rêvée. »[68] Sainte Faustine osera quant à elle ces paroles bouleversantes, s'adressant au Christ reçu dans une apparition : « Ô mon Jésus [...], je mets la voix de l'Église avant la voix par laquelle tu me parles. »[69]

Cet acte de foi n'est pas une soumission passive. Ainsi, Benoîte ose parfois prendre la parole devant les gens d'Église. Lors de la première enquête, lorsque le vicaire général Antoine Lambert veut la contraindre à

67. C.A. G. p. 18 X [64].

68. Mgr Jean-Michel di Falco Léandri, *Benoîte Rencurel, la visionnaire du Laus,* Parole et Silence / DDB, 2008, p. 52.

69. Sainte Faustine, *Petit Journal,* n° 497.

demander à la Vierge Marie de donner un signe pour authentifier les apparitions, la bergère lui répond : « Si vous avez le pouvoir, par la grâce qui vous a été donnée, de faire venir le Fils de Dieu en l'eucharistie, vous n'avez pas celui de commander à la Mère de Dieu, qui fait ce qui lui plaît[70]. » Ou encore, au prévôt du chapitre de Marseille, l'abbé Foresta-Colongue, qui deviendra plus tard évêque d'Apt, Benoîte annonce qu'il a des projets « qui ne sont pas agréables à Dieu par la manière dont il veut les réaliser. »[71]

La servante du sanctuaire du Laus n'est donc pas un modèle de passivité, mais un exemple d'obéissance. Le mot est difficile à entendre aujourd'hui, nous le savons. L'obéissance est pourtant la clé de la fécondité de la vie de l'Église, en tant qu'elle est l'assurance absolue de ne pas s'approprier l'œuvre qui appartient à Dieu seul.

Lors des dix-neuf années où les prêtres du Laus vont mettre Benoîte de côté, on ne la voit jamais remettre en cause la nécessité de l'Église, sacrement du salut. De tendance janséniste, les prêtres au service du Laus entre 1693 et 1712 infligent une terrible épreuve à la fondatrice du sanctuaire du Laus, en cherchant à la décrédibiliser. Le père Bertrand Gournay note que ces prêtres « la font surveiller jour et nuit, écoutant à sa porte, l'épiant partout dans l'espoir de surprendre une parole, un geste répréhensible. »[72]

---

70. C.A. G. p. 19 XI [65].
71. C.A. G. p. 162 X [208].
72. Bertrand Gournay, *Notre-Dame du Laus, l'espérance au cœur des Alpes*, Téqui, 2008, p. 87.

Dépossédée de son sanctuaire, éloignée des pèlerins qu'elle n'avait pas le droit de rencontrer, et même privée parfois des sacrements, Benoîte n'a pas non plus vécu amèrement cette épreuve.

On ne l'a jamais vue s'en plaindre ou décider de poursuivre sa mission malgré l'interdiction des prêtres : elle a choisi d'obéir. Certains verront peut-être là un signe de faiblesse ; ce serait méconnaître Benoîte !

C'est un choix déterminé que la servante du Laus a posé ; peut-on mesurer quelle fécondité cette obéissance a pu produire alors, comme union aux souffrances du Christ rejeté par les siens et comme occasion de laisser l'Esprit – et lui seul – agir ? La faiblesse choisie par Benoîte dans l'obéissance douloureuse, c'est celle de la croix qui fera dire à saint Paul : « Lorsque je suis faible, c'est alors que je suis fort » (2 Co 12, 10).

Sans doute Benoîte a-t-elle été plus efficace encore pour la conversion des pécheurs par son obéissance lors des dix-neuf années de mise à l'écart que lors des trente-cinq années où elle a accueilli les pèlerins pour les conduire à la confession. « Elle voit bien que mourir à soi-même est plus agréable à Dieu que tout ce qu'on peut faire de sa propre volonté, qui est toujours assaisonnée d'amour propre, lequel ternit la meilleure partie de nos actions et nous en ôte tout mérite. »[73]

---

73. C.A. G. p. 105 XII [151].

Le sanctuaire Notre-Dame du Laus est un lieu privilégié pour se réconcilier avec l'Église. C'est une réconciliation indispensable à la fécondité de la mission aujourd'hui ; or, c'est sans doute un effort des plus difficiles à entreprendre. Mais le Seigneur n'a-t-il pas révélé par son ange que « rien n'est impossible à Dieu » (Lc 1, 37) ?

4

La réconciliation avec la croix

La courageuse expérience d'obéissance vécue par Benoîte nous introduit à l'accueil d'une autre réconciliation, loin d'être évidente : la réconciliation avec la croix.

Sommes-nous en paix avec ce mystère de la croix qui apporte le salut, le mystère de la toute-puissance de Dieu qui se révèle dans la toute faiblesse de la croix ? Sommes-nous capables de réconcilier notre accueil de la croix du Christ avec les croix que nous portons dans nos existences ?

La première conviction, essentielle, qui jaillit du message du Laus, c'est la centralité du mystère de la croix : dans la vie mystique de la bergère du Laus, c'est sans doute dans les cinq apparitions du Christ en croix (entre 1669 et 1679) que l'on trouve le sommet du message de réconciliation du Laus, et le cœur de la mission de Benoîte. C'est d'ailleurs en prélude à ces apparitions que Benoîte ressentait les parfums les plus forts, comme pour signifier que ces rencontres allaient être les plus importantes de sa vie mystique.

Un jour de 1669, Benoîte est attirée depuis sa chambre par une odeur suave, qui la conduit au pied d'une croix située à l'entrée du hameau du Laus, en face du village d'Avançon.

Pierre Gaillard rapporte ainsi l'événement : « Jésus lui est apparu tout sanglant sur la croix, lui disant : "ce que vous me voyez souffrir n'est plus ce que je souffre à présent, mais c'est pour vous faire voir ce que j'ai souffert pour les pécheurs et l'amour que j'ai eu pour eux." »[74]

Faut-il rappeler que Benoîte Rencurel est née la même année que Marguerite-Marie Alacoque ? À Paray-le-Monial, le Crucifié montre son cœur ouvert, d'où se déversent l'eau et le sang qui donnent la vie éternelle. Au Laus, le Crucifié révèle sa croix comme le signe le plus manifeste de son amour pour les pécheurs. Près de trois siècles plus tard, sœur Faustine recevra une mission similaire, quand le Christ lui révélera : « je désire que tu connaisses plus profondément l'amour dont brûle mon cœur pour les âmes, et tu le comprendras en méditant ma passion. »[75]

La première réconciliation avec la croix que nous avons peut-être besoin de vivre, c'est d'accueillir ce grand mystère. Or, nous pouvons avoir tendance à souhaiter, comme Simon-Pierre, que le Christ évite la croix, et nous avec lui : « Dieu t'en garde, Seigneur, cela ne t'arrivera pas », dit le premier des apôtres. Mais Jésus lui répond : « Passe derrière moi, Satan, tu es un

74. C.A. G. p. 57 XXX [103].
75. Sœur Faustine, *Petit Journal*, n° 186.

obstacle sur ma route ; tes pensées ne sont pas celles de Dieu, mais celles des hommes » (Mt 16, 22-23).

Nous voici prévenus : si nous n'accueillons pas le mystère de la croix, nous faisons l'œuvre du démon ! Accueillir ce mystère, c'est ne pas l'édulcorer pour faire de la foi chrétienne une sympathique morale à bon compte ou la simple annonce d'un monde meilleur.

Ce qui est vrai du Christ l'est aussi du disciple. D'ailleurs, juste après ce dialogue vigoureux avec Simon-Pierre, le Seigneur dit ces paroles bouleversantes : « Si quelqu'un veut marcher derrière moi, qu'il renonce à lui-même, qu'il prenne sa croix et qu'il me suive. Car celui qui veut sauver sa vie la perdra, mais qui perd sa vie à cause de moi la gardera » (Mt 16, 24-25).

La croix, signe de mort et de victoire de la vie, est le cœur de notre foi. Dans le magnifique ouvrage *L'Imitation de Jésus-Christ*, l'auteur anonyme note justement : « Jésus trouve bien des amateurs de son royaume céleste, mais peu de porteurs de sa croix ». Il poursuit : « il a beaucoup d'amis quand il s'agit de passer à table, mais peu quand il s'agit de jeûner. Tous veulent partager sa joie, mais peu veulent souffrir quelque chose pour lui. »

On pourrait légitiment s'interroger sur la sincérité d'un ami, qui répondrait toujours présent quand on organise des fêtes, mais qui s'enfuirait le jour où l'on tomberait malade.

Deux points d'attention sont donc nécessaires pour que nous soyons capables d'accueillir le mystère de la croix dans notre vie. Le premier point consiste à ne pas baisser le regard devant la croix: il nous faut voir toute l'horreur de la croix, qui nous montre toute l'absurdité de la violence humaine et toute la laideur du péché.

En apparaissant à Benoîte, le Christ ne cherche pas à lui voiler la réalité de la violence de la croix. Ainsi, Pierre Gaillard rapporte l'événement de la deuxième apparition du Crucifié en ces mots: « La croix était toute sanglante et les anges étaient à genoux au pied de la croix, lui disant beaucoup de choses des souffrances de Jésus. Si cette vision eût duré plus longtemps, cette bonne fille serait morte de douleur. »[76]

La quatrième apparition du Crucifié, en 1674, est plus violente encore: « Cette vue la toucha si vivement, et son cœur en est attendri d'une telle manière qu'elle en pensa mourir de tristesse: elle a avoué que, pour peu que cette vision eut duré encore, qu'elle serait véritablement morte de regret de voir Jésus dans cet état déplorable, Jésus son Dieu, son amour, son tout. »[77] L'exercice de piété du chemin de croix est un moment favorable pour contempler la grandeur de l'Amour qui est allé jusque-là.

Pas de sens à la croix sans la résurrection

Le deuxième point d'attention pour accueillir le mystère de la croix consiste à ne jamais la séparer de la résurrection au troisième jour. D'ailleurs, dans la première apparition, le Seigneur lui-même est très clair: « Ce que vous me voyez souffrir n'est plus ce que

76. C.A. G. p. 57 XXX [103].
77. C.A. G. p. 86 VI [132].

je souffre à présent». Saint Paul le disait également: «Ressuscité d'entre les morts, le Christ ne meurt plus; sur lui, la mort n'a plus aucun pouvoir» (Rm 6, 9).

L'Amour qui a tout donné l'a emporté sur Satan et sur la mort: «Mort, où est ta victoire?» (1 Co 15, 55), demandera l'apôtre, non sans une certaine forme de provocation à l'égard de cette réalité de la vie qui nous atteint encore tous, mais dont nous savons qu'elle n'est plus le point final de l'existence.

Cette réalité de foi, l'histoire du Laus nous aide à percevoir qu'elle se concrétise dans notre vie quotidienne: la lumière l'emporte toujours sur les ténèbres.

Benoîte a souvent fait l'expérience de cette victoire de la lumière, par exemple lors de l'apparition de Pindreau, le 29 septembre 1664. Rappelons que cette apparition survient après un mois d'absence, qui va se conclure sur la joie des retrouvailles.

À l'instar de ces retrouvailles que nous espérons tant avec ceux qui nous ont quittés, Benoîte se réjouit de la fin de l'absence. Son espérance est comblée quand elle distingue, de l'autre côté de la vallée, une lumière éclatante sur la colline de Pindreau. La bergère en est certaine: ce ne peut être que la Belle Dame qui l'attend!

Mais Benoîte va devoir faire un grand effort pour la rejoindre: il lui faut traverser le torrent et gravir la pente du Pindreau pour accéder jusqu'au lieu de la rencontre. Alors qu'au vallon des Fours, la Vierge était apparue à Benoîte de manière facilement accessible, ici la bergère est appelée à un effort important pour rejoindre la Belle Dame.

Elle expérimente ainsi une autre réalité essentielle de la foi : si la lumière de la Vie nous est offerte gratuitement, il nous faut persévérer pour la rejoindre. La vie de foi nous est rarement servie sur un plateau ; elle nous engage au contraire à faire des efforts qui vérifient la profondeur de notre vie spirituelle et la réalité de notre amour de Dieu.

Ainsi en est-il pour Benoîte qui doit traverser le torrent et monter la pente raide afin de rejoindre la lumineuse apparition. Et la bergère ne renonce pas à l'effort, car elle sait ce qu'il y a à la clé : la rencontre tant attendue.

De même, dans notre vie sur terre, ne renonçons pas aux efforts. Le pardon, l'amour des ennemis, le renoncement à soi-même ou la fidélité à la prière sont des attentions difficiles à mettre en œuvre chaque jour ; mais si nous osons les vivre, l'effort nous conduira jusqu'à la rencontre lumineuse, promise avec le Seigneur pour l'éternité.

Il n'y a pas de vie spirituelle réelle et profonde qui s'achète à bon marché ; si elle est éminemment l'œuvre de la grâce, la vie de foi est toujours aussi un effort. Mais quand on aime vraiment, l'effort devient léger. L'effort d'une mère pour soigner son enfant malade, l'effort d'un prêtre pour se dépenser dans son ministère, et tant d'autres efforts généreux se révèlent des jougs bien légers s'ils sont vécus comme des actes d'amour.

Ces efforts ne sont pas un simple « prix à payer » pour mériter la rencontre ; ils sont l'expression de la réalité profonde qui habite le cœur du disciple du Christ : la nécessité de mourir à soi pour vivre véritablement.

« Voilà une parole sûre », dit saint Paul (on peut noter qu'il insiste particulièrement sur l'assurance de la parole qu'il va prononcer, alors prêtons bien attention à ce qui va suivre) : « Si nous sommes morts avec lui, avec lui nous vivrons. Si nous supportons l'épreuve, avec lui nous régnerons » (2 Tm 2, 11-12).

À tous ses disciples, d'hier et d'aujourd'hui, le Christ demande très clairement le renoncement à soi : « Celui qui veut être mon disciple, qu'il renonce à lui-même, qu'il prenne sa croix et qu'il me suive » (Lc 9, 23). Par l'image du grain de blé tombé en terre pour donner du fruit, le Christ nous révélera aussi : « Celui qui veut garder sa vie pour lui-même la perd ; celui qui s'en détache en ce monde la gardera pour la vie éternelle » (Jn 12, 25).

Ce mystère de fécondité de la mort à soi-même, nous sommes tous appelés à le vivre, dans des états de vie différents. Pour Benoîte, ce fut notamment par le chemin de l'union physique aux souffrances de la Passion, à l'instar de nombreux grands mystiques.

Ainsi, un vendredi de juillet 1673, alors qu'elle travaille aux moissons, Benoîte est saisie par un mouvement de l'Esprit saint. Elle se rend à la croix, où le Crucifié lui annonce qu'elle participera désormais aux douleurs de la passion. « Depuis lors, précise l'abbé Peytieu, elle était crucifiée tous les vendredis :

son corps étendu en forme de croix, ses pieds l'un sur l'autre, ses doigts tant soi peu fermés et rétrécis aussi, moins pliables qu'une barre de fer. »[78]

Benoîte vivra plusieurs années de crucifixion mystique, du jeudi soir au samedi matin[79], pendant les périodes 1673-1677 et 1679-1684. Mais son union à la Passion du Christ se manifesta également dans la trahison des siens (quand Benoîte sera exclue de la vie du sanctuaire pendant dix-neuf ans) ou dans son rude combat contre le démon.

Elle-même témoignera cependant que la plus pénible et la plus nécessaire œuvre par laquelle elle s'est unie à son Sauveur, c'était dans ses prières et ses pleurs offerts pour la conversion des grands pécheurs.

Déposer nos souffrances au pied de la croix

La réconciliation avec le mystère de la croix est aussi un appel à oser l'acte spirituel de déposer nos souffrances au pied de la croix.

Au sanctuaire du Laus, la chapelle du Précieux-Sang est un lieu privilégié pour faire cet acte : la croix sur laquelle le Christ était apparu à Benoîte a été conservée, enchâssée et déposée dans une chapelle octogonale, à l'entrée du hameau du Laus, c'est-à-dire à l'endroit même où Benoîte y avait rencontré son Seigneur.

La croix, signe de mort, est exposée dans une chapelle à huit côtés, évoquant le huitième jour, le jour qui

78. C.A. P. p. 413 [459].
79. Précisément : « Du jeudi à quatre heures de l'après-midi jusqu'au samedi à neuf heures du matin. »

n'aura pas de fin, le jour d'éternité.[80] En levant les yeux vers cette croix suspendue, le pèlerin ne peut manquer de penser au serpent d'airain, tenu en mains par Moïse. Le Seigneur lui dit : « Fais-toi un serpent, et dresse-le au sommet d'un mât : tous ceux qui auront été mordus, qu'ils le regardent, et ils vivront ! » (Nb 21, 8).

Le Seigneur Jésus interprétera sa propre mort sur la croix à l'aune du serpent de Moïse : « De même que le serpent de bronze fut élevé par Moïse dans le désert, ainsi faut-il que le Fils de l'homme soit élevé, afin que tout homme qui croit obtienne par lui la vie éternelle » (Jn 13, 14-15).

Ainsi, les yeux fixés sur la croix du Sauveur, nous ne risquons pas les morsures mortelles : seule la croix nous ouvre à la vie éternelle. Seule la croix, aussi, peut apaiser toutes les blessures de notre vie quotidienne, depuis nos péchés jusqu'à nos épreuves relationnelles, médicales et tant d'autres.

Il n'est pas si facile de déposer au pied de la croix toutes nos souffrances. Parfois, par mauvaise culpabilité, nous pensons qu'il nous faut porter nos souffrances comme une punition pour nos erreurs du passé. D'autres fois, nous hésitons à croire que le Christ puisse véritablement nous libérer de tout. Dans la chapelle du Précieux-Sang, un élan mystérieux nous conduit à tout abandonner dans les mains du Sauveur, ces mains clouées qui pourtant continuent à bénir.

80. Cf. Apocalypse 20, 10.

5

La réconciliation avec le temps

Si le sanctuaire Notre-Dame du Laus est vraiment un lieu privilégié de réconciliation et de réunification, il est un domaine où cette œuvre s'expérimente particulièrement, c'est dans notre rapport au temps.[81]

Les apparitions à Benoîte sont les plus longues au monde : âgée d'à peine dix-sept ans lors de la première apparition au vallon des Fours, Benoîte en aura près de soixante-douze lors de la dernière apparition, avant sa mort en décembre 1718. Ce n'est donc pas seulement une jeune fille que le Ciel a visitée, mais une femme qui a traversé tous les âges, jusqu'à terminer son existence à un âge bien avancé pour le début du XVIIIe siècle.

Cette durée est déjà en soi un message : le Seigneur aurait pu infuser en une fraction de seconde, dans l'esprit de Benoîte, ce qu'il a pris cinquante-quatre ans à développer.

---

81. Pour un plus grand développement sur le thème du temps, on pourra se référer à un autre ouvrage du même auteur : *« Je n'ai pas le temps ! » Notre-Dame du Laus ou le temps réconcilié,* Les Éditions du Laus, 2012.

Quand on regarde l'ensemble des apparitions du Laus, d'autres particularités temporelles nous apparaissent. Par exemple, pourquoi la Vierge Marie prend-elle parfois le temps de s'absenter ? Elle veut un sanctuaire pour la conversion des pécheurs, une œuvre qui est grandement urgente. Mais la Vierge va « faire des pauses », comme en 1664 où, après une dernière apparition au vallon des Fours à la fin du mois d'août, elle annonce à Benoîte qu'elle ne la verra plus pendant un certain temps. Pourquoi jouer ainsi avec la patience de Benoîte ? Pourquoi le Ciel prend-il ainsi son temps ?

Temps de Dieu et temps des hommes

La réconciliation avec le temps passe donc par une acceptation que le temps de Dieu ne soit pas notre temps humain. Le sanctuaire du Laus se révèle un lieu privilégié pour revoir notre rapport au temps, ce temps qui est tellement devenu l'ennemi public numéro un ; temps que l'on n'a jamais assez, qui nous stresse et nous obsède, ou qui peut sembler passer si lentement dans la solitude ou l'angoisse. Il faut bien reconnaître que nous avons rarement un rapport serein au temps.

Le calme du sanctuaire du Laus est déjà en soi un appel à nous apaiser, à prendre le temps et à revoir notre rapport à la montre, lequel rapport passe souvent aujourd'hui par un discernement sur notre rapport aux moyens de communication : télévision, téléphone portable, *smartphone*, tablette numérique, Internet, etc. sont autant de mangeurs de temps qui nous apportent bien peu de sérénité !

La première réconciliation avec le temps dont beaucoup ont besoin, c'est une réconciliation avec l'attente. Qui aime attendre un bus en retard ? Qui aime bouchonner dans la circulation ? Qui aime patienter pendant qu'une page Web tarde à s'afficher sur l'ordinateur ? Clairement, l'accélération de la diffusion de l'information contribue à nous tendre dans notre rapport au temps, et à envisager l'attente uniquement comme une frustration.

Souvent, nous voyons la Vierge Marie ou un ange intervenir dans la vie de Benoîte pour lui reprocher ses impatiences ou l'inviter à attendre sereinement. Saint Joseph rejoindra Benoîte à six reprises, en 1669, pour lui recommander d'avoir de la patience avec le troupeau qu'elle gardait, sans se fâcher.

Que Marie et Joseph s'unissent ainsi pour intervenir si clairement sur ce sujet montre qu'il est essentiel, et qu'il doit nous interroger : sommes-nous capables de patience ?

Le moment emblématique de la patience, dans la vie de Benoîte, sera l'attente entre la dernière apparition au vallon des Fours et celle de Pindreau. Ce ne sera pas le seul temps de silence puisque, surtout après 1684, les apparitions célestes ou les locutions seront bien plus rares dans la vie de Benoîte. Mais l'attente précédant l'apparition de Pindreau est significative de la pédagogie divine, qui sait prendre le temps pour développer en nous ce qui doit l'être, quitte à ne pas nous satisfaire sur le moment.

Car les silences vont certainement se révéler féconds pour Benoîte. Quelles maturations vont-ils susciter en elle ? Quels approfondissements bénéfiques, que les seules apparitions n'auraient pu permettre de développer ?

L'absence de sensation peut permettre d'aller plus à l'essentiel. Car le plus important dans la vie spirituelle, ce n'est pas que nous nous sentions bien quand nous prions ou que nous éprouvions quelque joie ; le plus important, c'est d'être avec le Seigneur, même si rien ne se passe en apparence. C'est une prière de totale gratuité, un amour vraiment désintéressé.

Mais il reste que la nuit du silence de Dieu suscite souvent en nous de nombreuses interrogations, dont on peut voir comme un écho dans la question de Benoîte à la Vierge Marie, quand les apparitions reprennent après un mois d'absence : « D'où vient que vous m'ayez privé si longtemps de votre présence ? »[82]

Cette question restera cependant sans réponse, parce que le Ciel n'a pas à nous rendre des comptes ; c'est nous qui sommes humblement appelés à entrer dans le projet divin et à tenir dans l'espérance que Dieu sait ce qui est bon pour nous. Ainsi, comme seule réponse à sa question, Benoîte reçoit un envoi en mission : « Allez au Laus ». Alors que nous voulons des explications, le Ciel, lui, nous met en marche. Sans doute la meilleure manière de comprendre les mystères des desseins divins est-elle de répondre à son appel et de nous mettre en marche à sa suite.

82. C.A. Gr. p. 477 [523].

Pour une gestion chrétienne du temps

Cet abandon aux rythmes fixés par le Ciel n'empêche pas Benoîte d'apprendre à gérer son temps, bien au contraire. C'est là sa responsabilité, et elle est grave quand elle touche la manière de discerner l'utilisation de son temps dans sa mission à l'égard des pécheurs qu'elle devait avertir : « Benoîte perdrait son temps à parler indifféremment à tous. Dieu lui donnant la connaissance des cœurs et le discernement des esprits, elle ne parle qu'à ceux dont elle juge qu'ils en tireront partie. Elle laisse de côté ceux qui ne sont pas ouverts à la grâce du Laus. »[83]

Ce sera l'attitude du Christ, lui qu'on ne verra jamais pressé et toujours disposé à prendre du temps, aussi bien pour partager un repas avec ses amis que pour apporter la vérité à la samaritaine. Cependant, quand il sait que la discussion ne mènera à rien, Jésus ne s'arrête pas, comme en témoigne sa réaction devant un groupe hostile : « Lui, passant au milieu d'eux, alla son chemin » (Lc 4, 30).

Nous sommes responsables du temps que Dieu nous confie ; c'est ce que nous enseigne la Révélation biblique, c'est ce que précise aussi la Vierge Marie à Benoîte, quand elle montre que nous aurons à rendre des comptes de notre manière d'avoir utilisé notre temps : « Durant le mois de janvier (1694), Benoîte a eu l'honneur de voir la Vierge Marie, qui lui commande d'avertir une personne d'employer mieux son temps ; au jour du jugement, Dieu lui en demandera compte. »[84]

83. C.A. G. p. 125 II [171] et P. p. 404 [450].
84. C.A. G. p. 172 II [218].

Nous avons vu également, au sujet de l'importance de la participation à la messe, qu'il est nécessaire d'organiser notre temps pour nous rendre disponibles à ce moment essentiel.

Rappelons la réponse de Benoîte à un ermite qui se demandait s'il n'était pas mieux de prier dans sa chambre : « Vous sortez sans peine de votre cellule pour aller chercher vos provisions, et vous peinez quand il faut aller à la Sainte Messe offrir avec le prêtre Notre Seigneur à son Père pour la rémission des péchés ? »[85]

À travers cette réponse de Benoîte, ce sont toutes nos priorités qui sont interrogées, et la place que tient notre vie spirituelle dans notre existence.

85. C.A. P. p. 403 [449].

RETRAITE À RODEZ

21-22 FÉVRIER 2015

ANIMÉE PAR LE P. BENOÎT CAULLE,
PRÊTRE DE NOTRE DAME DE VIE

"JE VEUX VOIR DIEU"

Ve CENTENAIRE
SAINTE THÉRÈSE
D'AVILA

INSCRIPTIONS (AVANT LE 14 FÉVRIER) :
MAISON JEAN XXIII
9, RUE JEAN XXIII – 12000 RODEZ
TÉL. 05 65 87 14 90 – foyerjean23rodez@orange.fr

PROGRAMME

Samedi 21 février

Accueil à partir de 9h30

10h15 Présentation du WE

Enseignement :

« Je veux voir Dieu » : la dynamique du baptême et le livre de la Vie de S te Thérèse.

***→ L'oraison est transformante** !*

11h45 Eucharistie

Repas

Entre 13h30 et 16h, propositions :

- Temps de repos, de prière ou de lecture personnelle
- Réflexion sur un texte de Ste Thérèse
- Possibilité de se confesser

16h Goûter

16h30 Enseignement :

« Tenez vous donc près de ce bon Maître ; ayez la ferme résolution d'apprendre ce qu'il vous enseignera… »

17h45 Oraison et vêpres

19h Repas

20h30 Veillée « thérésienne »

Dimanche 22 février

8h30 Laudes

9h00 Enseignement :

***« C'est dans ce but que le Seigneur vous a rassemblés ici »** :*

→ L'oraison est apostolique

10h15 Oraison

11h30 Eucharistie

Repas

14h Échange, questions – Prière finale

Du samedi 9h30 au dimanche 15h30

Prix indicatif : 80 € (le WE complet, avec logement)

6

La réconciliation avec le monde céleste

N'avons-nous pas besoin également de nous réconcilier avec le monde céleste ? Bénéficiant de nombreuses apparitions mariales et locutions intérieures, de manifestations angéliques, des visites de saint Maurice, sainte Catherine de Sienne, sainte Barbe, saint Gervais, saint Protais, saint Joseph, et bien sûr des apparitions du Christ sur la croix, la vie mystique de Benoîte semble bien éloignée de notre expérience spirituelle quotidienne, faite le plus souvent de silences de Dieu, d'interrogations sur la volonté divine, voire d'impressions d'absence du Seigneur.

Nous avons besoin de nous réconcilier avec le monde céleste ; et c'est bien ce que l'expérience impressionnante de Benoîte peut nous aider à vivre.

Parce qu'il n'est pas visible, certains ont tendance à considérer le monde céleste comme inexistant, inaccessible, insensible à nos vies. Bien loin de se révéler étrangère à notre vie spirituelle, la vie mystique de Benoîte se présente alors comme un soutien pour renouer nos liens avec ceux qui nous ont précédés au Paradis et ceux dont la nature est purement spirituelle.

Pour aborder la réconciliation avec le monde céleste, sans doute faut-il accueillir la question du cardinal Robert Coffy, lorsqu'il soutenait les événements du Laus : « ne devons-nous pas nous laisser interroger par ces phénomènes autant que nous les interrogeons ? »[86]

Si les apparitions font partie de ce que l'on appelle les « révélations privées », qui n'engagent pas la foi et qui n'ajoutent rien à la Révélation, nous pouvons nous laisser interroger par la démarche de l'Église devant les événements du Laus.

Il ne faut pas croire que l'Église saute de joie dès qu'une personne prétend avoir des apparitions célestes. Légitimement prudente, elle prend le temps d'enquêtes rigoureuses.

Dès l'époque de Benoîte, nous l'avons vu, ce sont quatre enquêtes canoniques qui sont menées, avec rarement un *a priori* de bienveillance. Mais chacune de ces quatre enquêtes s'est conclue par une reconnaissance de la vérité des dires de la bergère.

Les conclusions de ces enquêtes sont un témoignage solide de la vérité des propos de Benoîte, d'autant que les événements du Laus se situent dans cette période difficile où l'influence janséniste était importante. Les partisans du Laus étaient donc particulièrement observés, en ce sanctuaire encourageant à la confession fréquente et invitant à toutes les réconciliations que nous avons évoquées jusqu'ici. C'est donc sur des témoignages solidement établis que repose l'histoire du Laus ; on ne peut honnêtement taxer Benoîte de

86. Cardinal Robert Coffy, cité par Marie-Agnès Vallart-Rossi, *Benoîte Rencurel : une laïque missionnaire*, Nouvelle Cité, Paris, 1986, p. 127.

mensonge ou d'illusion quand elle nous rapporte les événements dont elle a été témoin.

Un amour qui trouve tous les moyens pour se donner

Ces événements nous révèlent une véritable chaîne de médiations : le Seigneur veut passer par sa Mère, qui choisit Benoîte pour donner des indications aux pécheurs afin qu'ils se convertissent. Avec nos esprits réducteurs, nous pourrions avoir envie de nous demander pourquoi le Seigneur n'a pas agi « directement » : est-il trop occupé pour cela ? N'est-ce pas assez digne de lui ? Ou y a-t-il un projet divin derrière ces médiations ?

Pour le comprendre, il faut sans doute d'abord s'ouvrir à la profondeur de l'amour de Dieu. Car, si l'amour du Seigneur nous est offert directement dans les sacrements ou dans sa Parole vivante, il nous est aussi donné par des intermédiaires.

Nous sommes ainsi les uns pour les autres des médiations de l'amour de Dieu. Des conjoints sont l'un pour l'autre médiation de l'amour du Seigneur, comme c'est clairement exprimé lors de la célébration du sacrement du mariage : le « oui » que les conjoints s'échangent est en même temps un « oui » qu'ils reçoivent du Christ et qu'ils donnent au Christ. De même, l'amour que nous recevons des autres est toujours, en même temps, un moyen que le Seigneur nous offre pour offrir encore davantage son amour.

Ce que nous sommes facilement enclins à accueillir pour nos amours terrestres, certains ont davantage de mal à le recevoir du monde céleste. Pourquoi cette réalité d'un amour diffusé ne serait-elle pas vécue aussi dans notre rapport aux saints et aux anges ?

De tels intermédiaires n'atténuent pas la relation privilégiée que le Seigneur entretient avec chacun d'entre nous personnellement et avec nous tous ensemble ; ils en sont des déploiements particuliers.

Une fois reconnu que l'amour diffusé par l'intermédiaire d'un ange ou d'un saint n'est pas une concurrence à l'amour divin, il nous est possible d'accueillir sereinement et humblement le projet divin, consistant à nous aimer par tous les moyens.

Ainsi, la riche vie mystique de Benoîte nous dit cette présence de la Vierge Marie, mais aussi des anges (et particulièrement de « son ange », que l'on peut voir comme l'ange gardien de Benoîte) et des saints. Cette « chaîne d'intermédiaires » se révèle donc comme un signe que Dieu déploie toutes ses grâces pour amener les pécheurs à la conversion, car il « veut que tous les hommes soient sauvés et parviennent à la connaissance de la vérité » (1 Tm 2, 4).

En effet, les interventions de Benoîte ne sont évidemment pas les seuls moyens utilisés par le Seigneur et par Marie. Le confesseur de Benoîte précise bien que « la tendresse que la Mère de Dieu a pour les pécheurs [...] lui fait employer tous les moyens pour leur faire quitter le péché. Et quand ils sont sourds aux secrètes semonces de la grâce, elle les fait avertir de vive voix par sa Benoîte. »[87]

87. C.A. P. p. 382 [428].

De notre côté, la prise de conscience de cette chaîne d'intermédiaires nous interroge sur la manière dont Dieu attend que nous en fassions partie : par nos prières pour les défunts, par nos attentions à la conversion des autres et à notre propre conversion, comment nous inscrivons-nous dans la chaîne des médiations ?

Un amour qui s'accueille

Il est aussi important de constater que Benoîte n'a jamais provoqué aucune apparition. Elle n'a jamais fait d'incantation pour faire descendre le monde céleste sur son ordre ou pour son service. La vie mystique de Benoîte a ainsi beaucoup à dire à notre époque où il est tentant d'appeler le monde céleste à notre service : par des pratiques ésotériques, mais déjà par la consultation de voyantes ou l'intérêt porté à notre horoscope, nous pouvons chercher, plus ou moins consciemment, à maîtriser le monde céleste plutôt qu'à nous laisser guider par lui.

Sans aller jusqu'à de telles pratiques ésotériques, notre manière même de prier peut être déjà un désir d'avoir un pouvoir sur le monde céleste. Dans nos prières, quand nous prononçons les paroles « Que *ta* volonté soit faite », il peut nous arriver d'ajouter sans l'avouer : « À condition que ce soit aussi *la mienne* » !

Le message du sanctuaire Notre-Dame du Laus est donc un appel pressant à revoir notre rapport au monde céleste, en gardant notre juste place de créatures devant leur Créateur souverain. Nous n'avons rien à exiger de Dieu ; il nous suffit d'accueillir ce qu'il veut nous donner : « Votre Père céleste sait ce dont vous avez besoin avant même que vous l'ayez demandé. Vous, donc, cherchez d'abord le royaume de Dieu et sa justice, et tout le reste vous sera donné par surcroît» (Mt 6, 33).

Nous serons d'ailleurs tellement plus apaisés le jour où nous aurons compris que notre prière ne vise jamais à convaincre Dieu de nous exaucer, mais à lui faire totalement confiance parce qu'il nous aime de son amour divin : nous n'avons vraiment rien à craindre !

Marie, refuge des pécheurs

Parmi les médiations offertes par le Seigneur pour nous offrir son amour infini, la Vierge Marie tient évidemment une place privilégiée. Le bienheureux pape Jean-Paul II le disait clairement dans son encyclique sur la miséricorde, en 1980 : « À cet amour "miséricordieux" qui se manifeste surtout au contact du mal physique et moral, le cœur de celle qui fut la Mère du Crucifié et du Ressuscité participait d'une manière unique et exceptionnelle [...] et cet amour ne cesse pas, en elle et grâce à elle, de se révéler dans l'histoire de l'Église et de l'humanité. »[88]

Ainsi, la Vierge Marie a été au cœur de la vie mystique de Benoîte, sans pour autant être son interlocutrice exclusive, nous révélant que Marie a un rôle privilégié, mais qui ne supprime ni la place ni le rôle d'aucun saint ni d'aucun ange. C'est sans doute l'une des grâces du sanctuaire du Laus de nous montrer, par l'expérience mystique de Benoîte, que la Vierge Marie est première, mais non exclusive, dans notre rapport au monde céleste.

88. Jean-Paul II, *Dives in Misericordia*, n° 9.

Pierre Gaillard reconnaissait comme une action de grâce: « Combien de personnes ont dit que le Laus était le refuge des pécheurs! »[89] Mais c'est formellement depuis que les pères de Notre-Dame de la Garde d'Avignon sont arrivés au service du Laus, en 1712, que le sanctuaire a pris particulièrement le nom de « Refuge des pécheurs », un titre qui en est venu à qualifier la Vierge Marie elle-même: elle est notre refuge, le refuge des pécheurs.

Si l'on consulte un dictionnaire usuel, la définition qui est donnée au mot « refuge » est la suivante: « Asile, retraite, lieu où l'on cherche un abri ». Marie peut donc légitimement être invoquée comme le « Refuge des pécheurs », car, auprès d'elle, nous trouvons un abri, un asile dans les difficultés de la vie et dans notre combat contre le mal.

Le dictionnaire donne une deuxième définition du terme « refuge », dans la circulation routière: un refuge est « un terre-plein au milieu de la voie publique, où l'on peut se garer en voiture ». Cette définition est intéressante pour accueillir la mission de Marie car, dans le rythme effréné de nos vies, il est consolant de voir notre Mère du Ciel comme celle qui, délicatement, nous prend sous son manteau comme on se gare sur un terre-plein pour s'arrêter et reprendre souffle.

Mais la Vierge Marie a demandé le Laus à son divin Fils dans une région de montagnes. Or, en montagne, le terme de « refuge » a une connotation particulière: un refuge est un lieu bienvenu pour s'abriter dans les hauteurs, avant de continuer l'ascension jusqu'au

89. C.A. G. p. 65 V [111].

sommet. Dans l'orage ou la tempête, on est à la fois heureux et rassuré de voir poindre un refuge.

L'objectif de la marche n'est pas le refuge, c'est le sommet ; cependant, en planifiant la marche, on prend soin de prévoir l'itinéraire pour qu'il passe par un refuge. Et plus souvent encore, c'est le refuge qui est idéalement placé sur le chemin qui mène au col.

Si nous transposons à la Vierge Marie, nous pouvons dire qu'elle est pour nous un abri dans les orages ; nous sommes heureux de la rencontrer sur notre chemin, même si elle n'est pas le terme de la marche : Marie nous conduit toujours à son Fils.

C'est en ce sens qu'on peut comprendre la présence de l'enfant Jésus dans les bras de sa Mère lors des premières apparitions au vallon des Fours : cet enfant, dont la beauté éblouit Benoîte, nous dit que Marie porte son Fils, pour que nous allions jusqu'à lui, le terme de notre marche. De même, la Vierge enverra souvent la bergère devant le Saint Sacrement pour qu'elle prie son Fils. Et, tout au long de ses apparitions et locutions, elle se réfère sans cesse à son « très cher Fils », en l'honneur duquel elle demande la construction de l'église du Laus.

De manière plus claire encore, nous voyons la Vierge Marie corriger la prière de la fondatrice du Laus : « Benoîte priant plutôt Marie que Jésus, la divine Mère l'avertit qu'elle devait recourir à Jésus, son Très cher Fils. »[90]

90. C.A. G. p. 178 X [224].

Mais, sur le chemin de vie qui peut être rude, escarpé, tempétueux, Marie reste cette mère prévenante, qui est là, au bon endroit, comme un point fixe, un abri assuré. D'ailleurs, en appelant Benoîte « ma fille », alors que les anges l'appellent seulement « fille », la Vierge Marie montre à la jeune bergère qu'elle est bien cette mère douce et protectrice. À une autre jeune fille, Faustine, la Mère de Dieu enseignera plus tard, de la même manière : « Ma fille, sur la recommandation de Dieu, je dois être de façon particulière et exclusive une mère pour toi, mais je désire que toi aussi, tu sois tout particulièrement mon enfant. »[91]

Considérer la Vierge Marie comme un refuge pour les pécheurs, c'est aussi nous rappeler qu'un refuge est un lieu de repos, où l'on envisage de passer la nuit avant de reprendre la marche de bon matin. Ainsi, auprès de la Vierge Marie, nous trouvons le repos ; elle est pour nous comme ce lieu bien chauffé dans lequel nous venons reprendre des forces. Un bel épisode nous montre ainsi Benoîte, fatiguée ; Marie lui propose de s'étendre sur son manteau pour se reposer, et la bergère s'y endort paisiblement.

À l'instar de l'attitude de Benoîte lors des apparitions mariales, notre façon de prier Marie devrait toujours se faire comme dans un refuge : en nous protégeant auprès d'elle et en nous réjouissant de retrouver en elle les forces nécessaires à la poursuite de notre marche.

Mais pour que cette prière soit l'expression d'une réalité qui nous habite en profondeur, il nous faut vivre la dévotion mariale comme on entre dans un

91. Sainte Faustine, *Petit Journal*, n° 1414.

refuge : en baissant la tête. Un refuge n'a jamais de grandes portes vitrées, comme dans les supermarchés ; la porte du refuge est petite, pour garder la chaleur à l'intérieur. Elle n'est d'ailleurs jamais fermée, n'importe qui peut y avoir accès.

Pour entrer dans la dévotion mariale (et particulièrement dans la prière du chapelet) il nous faut donc baisser la tête. C'est bien ce que nous exprimons dans notre prière mariale, où nous demandons à Marie : « Priez pour nous, pauvres pécheurs ». Cette dernière expression est une manifestation de notre humilité.

Anges[92] et démons... ou le combat pour le retour à domicile

La vie mystique de Benoîte a été profondément orientée par la présence de la Belle Dame ; mais elle a aussi été marquée par la présence angélique.

Dans les messages du Laus et l'expérience de Benoîte, la réalité angélique et démoniaque est une évidence. La même évidence que celle proclamée dans le *Credo* : « Je crois en Dieu, le Père tout-puissant, créateur du Ciel et de la terre, de l'univers visible et invisible ».

Ce monde invisible nous est comme offert « à voir », dans l'expérience mystique de Benoîte, où il n'est ni inconnu, ni séparé de nous. Les anges sont ses compagnons quasi-quotidiens, et le démon est son premier ennemi clairement déclaré.

92. Sur ce sujet, cf. : Nicole Timbal, *Les anges, messagers de lumière*, éditions des Béatitudes, 2011.

Benoîte peut ainsi nous aider à intégrer la réalité angélique et démoniaque dans notre vie spirituelle, de manière équilibrée, rationnelle, et ouverte à la Vérité révélée.

Concernant la présence angélique, il est touchant de remarquer à quel point Benoîte a un rapport décontracté avec les anges. Elle nous rappelle que ces créatures spirituelles sont nos alliées, nos amies, nos confidentes, nos bienfaitrices. Nous sommes donc invités à prendre conscience de cette formidable présence à nos côtés ; et puisque nous pouvons avoir une certaine tendance à l'ingratitude à leur égard, le Laus nous invite à ne pas manquer de prier nos anges et de les remercier pour leur délicate sollicitude à notre égard.

Parce qu'ils ont pour mission première de contempler et de proclamer jour et nuit la sainteté de Dieu, les anges nous aident à prier. C'est l'expérience que Benoîte a pu faire, par exemple au printemps 1665 où, selon les Manuscrits du Laus, un ange « ouvre souvent à Benoîte la porte de l'église de Saint-Étienne »[93], afin qu'elle puisse venir y prier. Les anges sont pour nous des portiers du Ciel.

Dans le même sens, après 1684, l'ange va avoir pour mission d'aider Benoîte à se détacher des apparitions, alors qu'elles se font bien plus rares. Il lui enseigne un attachement au Seigneur et à Marie pour eux-mêmes et non à cause des apparitions. Voilà de quoi consoler la très grande majorité des croyants, dont la

93. C.A. G. p. 15 III [61].

vie spirituelle n'est soutenue par aucune apparition ou locution particulière.

Cet ange qui soutient si fidèlement Benoîte dans sa vie spirituelle, sans doute est-ce son ange gardien, bien que cela ne soit jamais précisé dans les Manuscrits ; mais la mission de cet ange répond à la définition de saint Basile, reprise dans le *Catéchisme de l'Église catholique* : « Chaque fidèle a à ses côtés un ange comme protecteur et pasteur pour le conduire à la vie. »[94]

Mais c'est surtout un événement particulier que nous pouvons retenir comme symptomatique de la présence des anges au Laus. C'était le 25 décembre 1700, quand Benoîte vit dans l'église une procession angélique, qui chantait : « Béni soit le Père éternel qui a choisi ce saint lieu pour la conversion des pécheurs ! Bénissez tous ceux qui s'y rendront pour l'adorer. »[95]

Cette procession nous révèle premièrement que les anges se réjouissent de la conversion des pécheurs : « Il y a de la joie chez les anges de Dieu pour un seul pécheur qui se convertit », nous dit le Christ (Lc 15, 10). Ils sont également heureux de contempler l'œuvre de la Vierge Marie à l'égard de l'humanité.

94. Saint Basile, Eun. 3, 1 : PG 29, 656 B, cité par le *Catéchisme de l'Église catholique*, au paragraphe 360. L'existence des anges gardiens est attestée par plusieurs passages de l'Écriture : « Le malheur ne pourra te toucher, ni le danger approcher de ta demeure : il donne mission à ses anges de te garder sur tous tes chemins. Ils te porteront sur leurs mains pour que ton pied ne heurte les pierres ; tu marcheras sur la vipère et le scorpion, tu écraseras le lion et le dragon » (Ps 90, 10-13) - « Voici que je vais envoyer devant toi un ange pour te garder en chemin et te faire parvenir au lieu que je t'ai préparé. Respecte sa présence, écoute sa voix » (Ex 23, 20-21).
95. C.A. G. p. 199 XVIII [245].

Ainsi, en mettant en parallèle cette exclamation des anges (« béni soit le Père Éternel qui a choisi ce saint lieu pour la conversion des pécheurs »[96]) avec la parole de la Vierge Marie sur le Laus (« j'ai demandé le Laus à mon Divin Fils pour la conversion des pécheurs, et il me l'a accordé »), nous voyons à quel point les anges glorifient le Père éternel pour le rôle de Marie dans la vie de l'Église.

Cette procession a lieu le soir du 25 décembre, jour de la fête de Noël. Nous voyons donc que les anges se réjouissent du mystère de l'Incarnation, contrairement aux anges des ténèbres qui se sont révoltés contre la dignité que Dieu a voulu accorder aux êtres humains, particulièrement quand il décida de nous envoyer son Fils unique pour qu'il soit l'un de nous.

Les anges, eux, ne sont pas jaloux parce qu'ils sont mûs par l'amour, et l'amour veut l'unité de tous en Dieu. Le diable, quant à lui, veut se convaincre que Dieu s'est trompé en choisissant l'homme.

Même si ce n'est pas aussi réjouissant que d'évoquer les anges, nous devons donc rendre compte également de la présence démoniaque dans la vie de Benoîte, même si elle s'est bien gardée de mettre au grand jour ces expériences douloureuses ; elle s'en est ouverte uniquement à son ami le frère Aubin.

Ces attaques démoniaques sont d'abord clairement perçues par la servante comme l'œuvre d'un être personnel. Le pape Paul VI enseignera que « le Mal n'est pas seulement une déficience, il est le fait d'un être vivant, spirituel, perverti et pervertisseur...

96. C.A. G. p. 199 XVIII [245].

Terrible, mystérieux, et redoutable réalité... Ils s'écartent de l'enseignement de la Bible et de l'Église ceux qui refusent de reconnaître son existence [...] ou encore qui l'expliquent comme une pseudo-réalité, une invention de l'esprit pour personnifier les causes inconnues de nos maux. »[97]

« Perverti et pervertisseur », le démon cherche à ruser pour nous attirer au sensible hors de Dieu, voire contre Dieu, au lieu de faire du sensible un chemin vers Dieu. Paul VI poursuit : « Il est l'ennemi occulte qui sème l'erreur et le malheur dans l'histoire humaine. [...] Il est le séducteur perfide et rusé qui sait s'insinuer en nous par les sens, l'imagination, la concupiscence, la logique utopique, les contacts sociaux désordonnés, pour introduire dans nos actes des déviations si nocives qu'apparemment conformes à la structure physique ou psychique ou à nos aspirations instinctives profondes. »[98]

Benoîte a subi ces attaques du séducteur, qui a joué notamment sur sa grande affection pour les petits enfants. Ainsi, le démon s'est-il matérialisé en petit enfant pour tenter de l'attirer à lui, mais Benoîte était prudente : « À minuit, Benoîte vit un petit enfant qui pleurait. Croyant que c'était un démon, elle fit le signe de la croix ; le démon disparut dans un grand bruit. »[99]

Mais c'était surtout par d'autres séductions que le démon a tenté Benoîte : séductions sexuelles, notamment en la tentant en lui apparaissant sous

97. Paul VI, homélie du 10 novembre 1972.
98. *Ibid.*
99. C.A. G. p. 340 LI [386].

forme d'hommes lui tenant des propos grossiers, ou séductions de désespoir, favorisées par les épreuves nombreuses que Benoîte a subies.

Ces apparitions d'hommes aux propos grossiers n'étaient pas les seules attaques subies par Benoîte. Dans la *Vie de saint Antoine,* saint Athanase enseigne que « les démons, s'ils voient des chrétiens travailler et progresser, cherchent à les effrayer en se métamorphosant [...] afin de pouvoir subordonner, par ces apparitions monstrueuses, ceux qu'ils n'ont pu tromper par leurs pensées ». Pour Benoîte, ce furent des serpents, crapauds et autres animaux qui étaient destinés à lui faire peur.

Ces attaques morales pouvaient s'accompagner dans la vie de Benoîte d'attaques physiques. On a vu ainsi la fondatrice du sanctuaire sortir meurtrie de sa chambre certains matins. Parfois, des personnes ont été témoins de ces violences démoniaques, par exemple : « Le démon tourmenta cruellement Benoîte en présence de cinq personnes, la levant de terre avec une telle violence que trois de ces personnes, quoique assez fortes, avaient toutes les peines du monde à la tenir. »[100]

Il est intéressant de noter que, chronologiquement, les attaques diaboliques sont apparues chez Benoîte une fois qu'avaient cessé ses unions au Christ dans la crucifixion mystique. Elles sont donc vraiment à accueillir comme une continuation de son combat avec le Christ, une autre manière de s'unir à la croix.

---

100. C.A. G. p. 336 XLI [382].

Mais les plus significatives des attaques démoniaques subies par Benoîte, ce sont les « transports », dont témoigne un lieu fort du sanctuaire, l'oratoire du col de l'Ange.

Le premier de ces transports eut lieu dans la nuit du 1er février 1688, quand Benoîte fut transportée, en chemise de nuit, jusqu'à la montagne de l'Aigle, alors recouverte de neige.

On peut s'interroger sur la nature exacte de ces transports : Benoîte a-t-elle réellement été déplacée jusqu'au sommet de la montagne, ou le démon a-t-il joué sur son imagination ? Qu'on nous permette de penser que là n'est pas l'essentiel : physiquement ou intérieurement, Benoîte a été tourmentée par Satan, dont l'objectif est bien de nous « sortir de chez nous », au mauvais sens du terme : nous sortir de ce pour quoi Dieu nous a faits.

On peut penser à cette question posée par Dieu à Adam après la chute : « Où es-tu ? » (Gn 3, 9). Par son péché, Adam n'était plus là où Dieu l'avait placé pour son bonheur. Le péché, c'est ne plus être à notre juste place ; et nous convertir, c'est crier avec le psalmiste : « Dieu, fais-nous revenir ; que ton visage s'éclaire et nous serons sauvés ! » (Ps 79, 4).

Notons enfin que ces « transports » démoniaques étaient suivis d'interventions angéliques, inscrivant ces douleurs vécues par Benoîte dans la fidélité à son Seigneur, qui avait lui-même subi les attaques démoniaques et qui avait été servi ensuite par les anges. Ainsi, à l'issue des tentations au désert, saint Matthieu précise : « Alors le diable le laisse, et voici que des anges s'avancèrent, et ils le servaient » (Mt 4, 11). Benoîte revit, dans son expérience spirituelle, une partie de ce qu'a vécu son Sauveur avant elle.

Frères, modèles et intercesseurs : les saints

Soutenue de belle façon par les anges, Benoîte a également bénéficié de la présence des saints : depuis saint Maurice qui est apparu à la bergère pour lui annoncer sa première rencontre avec la Vierge Marie, jusqu'à sainte Barbe et sainte Catherine de Sienne qui lui ont présenté deux couronnes, l'une d'épines et l'autre de roses, en lui révélant qu'elle ne peut porter la seconde sans porter d'abord la première, Benoîte a reçu un beau soutien des saints.

L'expérience mystique de Benoîte nous rappelle ainsi que les saints ne sont pas seulement des modèles, qui nous ont montré par le passé qu'il est possible d'incarner l'Évangile dans notre quotidien. Ils sont également des soutiens, qui nous montrent le Ciel et qui nous aident à le choisir par notre manière de vivre et par nos choix les plus concrets. Ils sont aussi des intercesseurs, qui nous aident par leurs prières et leurs mérites, à vouloir suivre le même chemin qu'eux, dans la béatitude éternelle.

Ainsi, le sommet de la vie mystique de Benoîte, dans son rapport aux saints, a été sa visite du Paradis. Le 15 août 1698, « les portes du Paradis furent ouvertes et Benoîte put contempler la splendeur et la gloire de la demeure céleste, ainsi que la beauté des bienheureux qui chantaient les louanges de Dieu. Parmi eux, elle vit sa mère et les pères Peytieu et Hermitte. Au milieu du Paradis, l'arbre fécond de la vie étendait ses branches. »[101]

Cette vision du Paradis est un appel à nous faire désirer le Ciel, en envisageant toute notre vie présente comme une préparation à cette béatitude : « Vous êtes ressuscités avec le Christ ; recherchez les réalités d'en haut, c'est là qu'est le Christ, assis à la droite du Père », écrit saint Paul (Col 3, 1-2).

Nos choix quotidiens autant que nos grandes décisions sont-ils orientés vers la Vie éternelle, que le Christ nous a acquise par sa mort sur la croix ?

101. C.A. G. p. 186 et 187 VIII [232-233].

Conclusion

Travailler à l'œuvre de réconciliation

Le message de Notre-Dame du Laus ne vise pas directement à présenter une théologie éclairant un point particulier de la foi chrétienne. Il est plutôt une expérience, un accompagnement spirituel, une vie avec le Ciel.

Si certains enseignements précieux peuvent être découverts dans les messages du Christ, de la Vierge Marie, des anges et des saints, c'est surtout l'événement même des cinquante-quatre années d'apparitions à Benoîte Rencurel qui est un précieux message, d'une actualité étonnante : rapport au temps, au monde céleste et au corps, vérité de la prière et de la reconnaissance du péché, réconciliations multiples dans un monde de plus en plus dur. Clairement, le sanctuaire du Laus n'est pas le musée d'une spiritualité dépassée : il a beaucoup à dire à notre époque.

Les pèlerins sont nombreux à reconnaître que le sanctuaire des Hautes-Alpes est un lieu de grâces impressionnantes, imprévisibles et durables. C'est un haut-lieu de relèvement, d'apaisement, de réunification. Comme tout lieu de conversion, c'est aussi un endroit d'où l'on repart changé, avec le désir de changer encore.

La douce présence de Marie auprès de Benoîte et de tous les pèlerins offre à beaucoup de se laisser toucher : « La grâce du Laus, c'est la maternité tendre et proche de la Sainte Vierge, qui tend ses bras comme son cœur à nous tous, pauvres pécheurs, maintenant et à l'heure de notre mort. Il y flotte un je-ne-sais-quoi qui accroche le cœur autant qu'il pénètre l'âme : cela tiendrait-il aux familiarités prodiguées sur cette terre par Notre Dame ? »[102]

Les multiples expériences de réconciliation éprouvées ou simplement entr'aperçues au sanctuaire du Laus sont un appel à entrer plus en profondeur dans la grande œuvre de réconciliation qui a sa source dans la croix du Seigneur.

Saint Paul nous le dit très clairement : « C'est bien Dieu qui, dans le Christ, réconciliait le monde avec lui ; il effaçait pour tous les hommes le compte de leurs péchés, et il mettait dans notre bouche la parole de la réconciliation. Nous sommes donc les ambassadeurs du Christ » (2 Co 2, 17-19).

Avec la Vierge Marie, à la suite de Benoîte, ambassadeurs du Christ pour la réconciliation.

N'est-ce pas là un beau chemin de vie ?

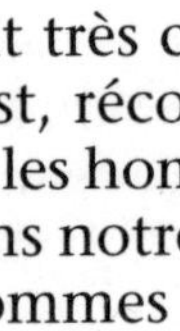

102. Yvonne Estienne, *Sœur Benoîte et Notre-Dame du Laus,* 1954, p. 180.

Table

Composition :
Soft Office – 5 rue Irène Joliot-Curie – 38320 Eybens

Achevé d'imprimer sur rotative
par l'Imprimerie Darantiere
à Dijon-Quetigny en
avril 2014

N° d'impression 14-0345
Dépôt légal : avril 2014

Imprimé en France